SOMOS
PARTE DE LA
TIERRA

SOMOS PARTE DE LA TIERRA

Discursos en defensa de la Naturaleza

Traducción de **David León**
Ilustraciones de **Maite Mutuberria**

ALMA ⟩ PENSAMIENTO ILUSTRADO

© de esta edición:
Editorial Alma
Anders Producciones S.L., 2022
www.editorialalma.com
@ @almaeditorial
@Almaeditorial

© de la traducción y la introducción: David León, 2022

© de las ilustraciones: Maite Mutuberria, 2022

Diseño de la colección: Estudi Miquel Puig
Diseño de cubierta: Estudi Miquel Puig
Maquetación y revisión: La Letra, S.L.

ISBN: 978-84-18933-29-5
Depósito legal: B-13421-2022

Impreso en España
Printed in Spain

Este libro contiene papel de color natural de alta
calidad que no amarillea (deterioro por oxidación)
con el paso del tiempo y proviene de bosques
gestionados de manera sostenible.

ÍNDICE

NOTA EDITORIAL

En la presente antología hemos procurado tener en consideración las connotaciones peyorativas que, especialmente en determinados contextos, adopta en la actualidad el término «indio» para hacer referencia a los pueblos originarios de América. Por ello hemos procurado utilizar este vocablo solo cuando resulta indispensable: en esencia, allí donde los propios textos y sus protagonistas inequívocamente utilizan la palabra «indio» para referirse a sí mismos y a su propio entorno.

PRESENTACIÓN

Es difícil buscar una denominación satisfactoria con la que englobar a los habitantes precolombinos de las regiones que hoy se incluyen en la parte continental de Estados Unidos y en Canadá. El simple uso del adjetivo *norteamericanos*, por ejemplo, parece un agravio a quienes habitaban el México actual, que también forma parte de Norteamérica. ¿Cómo llamarlos? ¿Amerindios, aborígenes, nativos…? No hace falta decir que, si los conocemos como «indios» (véase la Nota editorial de la página anterior), es solo por un error de cálculo de Cristóbal Colón y el resto de quienes arribaron a las costas antillanas convencidos de que estaban pisando la India. Tampoco *nativos americanos* o incluso *pueblos originarios* convence a todo el mundo, pues en realidad, como nos recuerdan hoy quienes quedaron recluidos en reservas desde el siglo XVIII, engloba a cualquier persona nacida allí, sea cual sea el origen de sus ancestros. Por su parte, la denominación de *pieles rojas* se tiene a menudo por ofensiva y, aunque en tres de los cuatro discursos que aquí se recogen, los oradores se refieren a sí mismos como «hombres rojos» y a sus interlocutores como «hombres blancos», hay que tener en cuenta que han llegado a nosotros a través de traducciones a las que cabe suponerles un grado considerable de libertad. El último, el único pronunciado directamente en inglés, habla de «indios», igual que, por ejemplo, los del prolífico Ohiyesa (1858-1939). Sea como fuere, y a pesar de su carácter claramente etnocéntrico, esta denominación y la de «blancos» parecen las mejores para evitar al menos incómodos circunloquios.

Más allá de las nomenclaturas, este volumen quiere acercar al lector de hoy a la cultura de aquellos habitantes y, en particular, a su reacción ante la que se les fue imponiendo a medida que ocupaban sus tierras los colonos y sus descendientes. El mundo de hoy, transformado de raíz por el desarrollo tecnológico, vincula al indio con un regreso necesario a la Naturaleza, con la pureza de un pueblo que se vio envilecida por la influencia de invasores más «avanzados» o «civilizados» (y que va de los estragos provocados entre sus gentes por la introducción de las bebidas alcohólicas, de los que se quejan los autores recogidos en estas páginas, a la actual proliferación de casinos en reservas indígenas). Si bien la concepción que tenemos de ellos está dominada en gran medida por el mito del «buen salvaje» (que ya cultivaron durante las primeras invasiones muchos de los que tuvieron contacto con ellos) y por la manipulación sufrida a finales del siglo xx por el famoso discurso de Seattle aquí recogido, a día de hoy, cuando a nuestro alrededor se impone un cambio de paradigma, es mucho lo que puede aprenderse del hermoso equilibrio con la Naturaleza en que vivían aquellas civilizaciones. El hombre no puede poseer la tierra, nos dicen, ¿cómo podría venderla? Nadie puede ser dueño de ella, como tampoco del cielo, el aire o el agua, aunque el hombre blanco parece olvidar hasta el aire que respira. Esa es la voz indígena que ha llegado hasta nosotros. Es también, como muestran las siguientes páginas, la de un pueblo obligado a renunciar a las tierras en las que yacen sus ancestros, a sus costumbres, a su religión… No estará de más escucharla en un momento en que, según nos advierten los expertos, nuestro planeta está en peligro de seguir siendo habitable.

Esa misma voz se oía en los consejos tribales. En ellos, según parece, no se entablaban debates con réplicas y contrarréplicas, sino que cada uno exponía de cabo a rabo su opinión cuando le llegaba el momento de hablar. Esta circunstancia, unida al hecho de que los participantes acompañaban su intervención con una profusión de gestos corporales en apoyo de sus argumentos, obligaba a eliminar del discurso todo elemento superfluo con el fin de no extenderlo demasiado. Es célebre la memoria prodigiosa de los indios, estrechamente ligada a la escasa presencia en su civilización de un sistema de escritura. A lo sumo, en algunas tribus se contaba con un cinturón decorado con abalorios cuyos dibujos recordaban al orador los distintos asuntos que debía tratar. En muchos de los testimonios que han llegado a nosotros, se maravillan de que sus interlocutores blancos dejen constancia sobre papel de su palabra y, sin embargo, no sean capaces de cumplirla y olviden sus promesas. Ellos, en cambio, que lo confían todo a la memoria, se mantienen siempre fieles a las suyas.

Como consecuencia de todo esto, es difícil asegurar que los textos que se recogen a continuación sean un fiel reflejo de lo que trataron de expresar en su día sus autores. Nuestro acercamiento no tiene más remedio que depender de un contacto intercultural que, además —como bien refleja el discurso del jefe Joseph y puede constatarse en el cambio de actitud de Casaca Roja frente a la religión y otras influencias culturales de los invasores—, fue evolucionando desde el siglo XVII. Los textos de los que disponemos hoy no son una reproducción literal de los discursos que pronunciaron los representantes indios ante sus interlocutores blancos. Antes del siglo XX, los primeros, en la mayoría de los casos, hablaban a lo sumo un inglés muy rudimentario y entre los segundos tampoco eran muchos los que conocían siquiera alguna de las muchas lenguas autóctonas; de modo que no eran insólitas las ocasiones en que un intérprete indio traducía lo dicho a otra lengua indígena que sí hablaba el colono que estaba tomando nota, quien, a su vez, tenía que verterlo al inglés. A esto hay que sumar que apenas podemos contar con un traductor objetivo, ya que muchos de los transcriptores a los que debemos los textos que han llegado a nuestros días se dejaban influir por la admiración que profesaban a los indios, por su propio afán poético (como ocurre en el caso del discurso de Seattle) o por las intenciones dolosas que cabe suponer a quien cambiaba (según denuncia el jefe Joseph) tierras por mantas. Era muy frecuente, de hecho, que los indios se quejaran de que lo que recogían los escritos divergía de lo que ellos habían dicho.

A la dificultad de interpretación lingüística cabe añadir la divergencia intercultural. No existió ningún género de uniformidad entre las muchas bandas, tribus y confederaciones de tribus del continente: las había nómadas y sedentarias, belicosas y pacíficas... De modo que tampoco la evolución de su relación con el invasor blanco estuvo unificada ni sigue una línea recta. Con todo, sí es posible hablar, a rasgos generales, de un primer momento en que la cultura amerindia se explica e intenta ser comprendida, una aculturación gradual posterior y, tras episodios de rebeldía y rechazo de cuanto tiene que ver con el hombre blanco como los que protagoniza Casaca Roja, por ejemplo, la adopción de una actitud que les permite, sin dejar de defender sus valores, subsistir frente a la invasión destructiva de lo que nosotros consideramos mundo civilizado. En muchos de los textos se verifica una postura que tiene más de estoicismo que de sumisión, la disposición de quien rechaza estrellarse yendo en contra de lo que no tiene remedio y que a veces puede sorprendernos por su condición práctica pero muy humana. Es lo que expresa una reacción como la del jefe Thayendinaga cuando en el contexto de la guerra de la Independencia entre los Estados Unidos y el Reino Unido sentencia: «¿Cómo? ¿Matar a una mujer y a un crío? ¡No! Ese crío no es enemigo del rey ni amigo del Congreso. Mucho antes de que crezca lo suficiente para poder hacer ningún daño, se habrá resuelto esta disputa». Es la lucha que, de forma diversa, perdura hasta nuestros días.

Los cuatro discursos que aquí presentamos constituyen un buen ejemplo de dicha evolución. Se han elegido por su distribución temporal (1805, 1854, 1879 y 1923), por la representatividad de los temas abordados (religión, posesión del territorio, relación del hombre con la tierra, educación…) y por la evolución de la actitud y la condición del orador respecto del receptor blanco.

El primero, pronunciado en los albores del siglo XIX, se dirige a un misionero que pretende obtener el beneplácito de los jefes para evangelizar a los amerindios de su territorio. Lo pronuncia Casaca Roja, orador seneca y jefe del clan del lobo, asentado en la región occidental del estado de Nueva York. La actitud de este antiguo colaborador del Ejército británico —al que debe su apodo— ha cambiado con el tiempo y su experiencia lo ha vuelto reacio a aceptar la lengua y las costumbres de los europeos y sus descendientes. Está convencido de que todos rezan al mismo Dios y, sin embargo, no entiende que deban hacerlo de un modo idéntico cuando él los ha creado tan diferentes. En los discursos siguientes, segundo y tercero, hablan Seattle, jefe de los duwamish en lo que ahora es el estado de Washington, y Joseph, líder de los wallowas, procedentes de la tribu de los nez percés, en el noreste de Oregón. Sus palabras se dirigen, ya avanzado el siglo, a funcionarios civiles de relieve que representan a la nueva autoridad blanca. Aquí ya no se habla tanto de religión como de expropiación de tierras y emigración forzosa impuestas por unas gentes de las que ellos, sin embargo, siguen sin considerarse enemigos (muchos dirigentes indios se preciaron de no haber combatido nunca a los colonos).

De ambos, sin duda el discurso más célebre, quizá el único que reconocerán muchos de los lectores que se acerquen por primera vez a las disertaciones que nos han transmitido los indios norteamericanos, es la carta que escribió el jefe Seattle al presidente de los Estados Unidos en 1854. El documento se ha reproducido infinidad de veces en toda clase de medios y parte de su contenido ha servido de referente a muchos de cuantos han alzado la voz en defensa del medio ambiente y los valores ecológicos.

Sin embargo, este texto es tan célebre como apócrifo: no es sino un invento de los años setenta del siglo xx concebido para un documental sobre ecología y basado en la reelaboración que hizo un profesor de lenguas clásicas de lo que aseguró haber oído decir al jefe Seattle cierto médico que, tres décadas antes, había estado presente cuando pronunció aquel discurso. No se angustie el lector: en la presentación que precede al texto se expone con más detalle y claridad este juego de transformaciones. Por el momento, tenga en cuenta simplemente que parte de los argumentos que se exponen en la famosa «carta» que, supuestamente, dirigió al presidente Franklin Pierce sí se aborda en los discursos pronunciados por los indios en su trato con el hombre blanco. Tampoco los detalles criticados —con razón— por quienes censuran —con más motivo aún— la reproducción hasta la saciedad de textos así sin la menor comprobación de sus fuentes carecen, en este caso, de cierto referente real. Así, por ejemplo, si bien es inverosímil que el anciano jefe duwamish afirmase haber «visto pudriéndose en la pradera mil bisontes abatidos por el hombre blanco al paso del tren» desde el estrecho de Puget en que habitaba, no deja de ser verdad que los colonos blancos de Norteamérica llevaron al borde de la extinción al búfalo del subcontinente ni cabe negar la realidad de las fotografías que muestran montañas enteras de cráneos de este animal. El documental citado introdujo invenciones debidas al guionista y a los productores (como la insistente aclaración de «yo soy solo un salvaje y nada comprendo») y sacó de contexto —en mayor o menor grado— algunas afirmaciones del discurso original («Debéis enseñar a vuestros hijos que la tierra que tienen bajo los pies es la

12

ceniza de nuestros abuelos, que, por tanto, han de respetar un suelo que abunda en las vidas de los nuestros»; compárese con la
pág. 47) ; pero juega en gran medida con elementos que, aun cuando no estén presentes en el discurso de Seattle publicado a mediados del siglo xix, sí aparecen en otros, muchas veces mejor
documentados. Así, si bien es muy poco probable que Seattle hiciera nunca la archiconocida pregunta: «Si nosotros no somos dueños
del frescor del aire ni el centelleo del agua, ¿cómo queréis com-
prárnoslos?», sí que el jefe Joseph, en el discurso que aquí reprodu-
cimos (pág. 66) afirma que su padre «dejó claro que ningún hombre
podía considerarse propietario de la tierra y que nadie podía vender lo que no era suyo». Y, aunque la de «¿Cómo puedes vender o
comprar el cielo, el calor de la tierra?» sea una invención, su mensaje es análogo al que transmitió el jefe Tecumseh (h. 1768-1813) al
decir: «¡Vender un país! ¿Y por qué no vendemos el aire, las nubes
y el ancho mar, ya que vendemos la tierra? ¿No lo ha hecho todo el
Gran Espíritu para que lo usen sus hijos?».

La versión que aquí recogemos fue publicada por el doctor
Henry A. Smith treinta años después del encuentro de Seattle a
partir de las notas que había tomado entonces. El estilo es diferen-
te del de los discursos que lo preceden, mucho más florido, y quizá
el contenido tampoco sea muy fiel a lo que pudo decir Seattle, si es
que llegó a hablar en aquella ocasión para el gobernador blanco,
cosa que también ponen en duda algunos. Con todo, es el testimo-
nio más cercano que tenemos al respecto.

Cierra el volumen la palabra de Ruth Muskrat Bronson, una mujer que ha crecido en las reservas indias y que defiende la cultura de
sus ancestros ante el presidente de los Estados Unidos. Esta voz fe-
menina no es tan excepcional como puede parecer. Hubo otras indias universitarias antes y, de hecho, ella se encargó de no ser la
última. Es notable, por ejemplo, el caso de Susan La Flesche Picotte
(1865-1915), la primera aborigen norteamericana en hacer la carrera

de Medicina, incitada por una terrible experiencia de su infancia que le hizo ver el poco interés que albergaban los blancos por el bienestar de su pueblo. Pero la presencia de mujeres se hizo destacada en ámbitos muy variados, según demuestran casos como el de Sacagawea (nacida h. 1788), sin cuya contribución habría sido probablemente irrealizable la célebre expedición que menciona el jefe Joseph en su discurso (p. 63), o el de Maria Tallchief (1925-2013), *prima ballerina* del Balé de la Ciudad de Nueva York, sin olvidar el de Nanyehi (h. 1738-1822/1824), que abogó por la coexistencia pacífica entre indios y blancos, pero acabó guerreando junto a su marido, con cuyo fusil siguió luchando cuando él cayó en el campo de batalla.

En cualquier caso, podría decirse que la actitud de estos cuatro oradores representa la historia de una cultura que se ve obligada a evolucionar desde el rechazo a la asimilación o la resignación respecto del poder del hombre blanco. Los discursos ofrecen, según se ha mencionado, distintos temas comunes y en todos se pone de manifiesto el deseo de los pueblos aborígenes de que se respeten sus derechos en calidad de pobladores originarios de Norteamérica, la «gran isla» de la que habla Casaca Roja (p. 26). Los portavoces reconocen que los ocupantes blancos, a quienes al principio acogieron amigablemente, se han hecho demasiado numerosos y poderosos, tanto que no queda más remedio que aceptar sus condiciones. Hasta Dios, el Gran Espíritu, está claramente de su parte. Se duelen de que los haya abandonado o, cuando menos, no les profese el mismo amor que a sus «hijos blancos». Lo único que quieren es que se les conceda cierto grado de igualdad, que se les trate con humanidad y que se respeten sus costumbres. Las suyas, subrayan, son razas distintas que para muchos de ellos no deben mezclarse, pero están llamadas a convivir. Su alegato, pues, no solo defiende el respeto a la tierra, sino también la concordia.

DAVID LEÓN

14

SOMOS
PARTE DE LA TIERRA

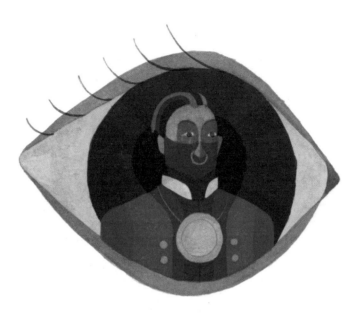

CASACA ROJA

(1805)

uando a Sagoyewatha («el que los mantiene despiertos», h. 1752-1830) le preguntaron por sus contribuciones en calidad de guerrero de su tribu, espetó:

—¿Guerrero? Pero ¡si yo soy orador! Yo nací orador.

Desde luego, quien tal cosa decía necesitó su elocuencia para salir airoso de las acusaciones de traidor y de cobarde que se vertieron contra él, si bien parece cierto que los iroqueses deben a su labor diplomática el ser la única confederación indígena que mantuvo su territorio en aquella época.

Durante la guerra de la Independencia (1775-1783) luchó del lado de los británicos, lo que le valió el nombre de Casaca Roja a causa de la prenda con que lo obsequiaron los oficiales de la nación amiga. Cuando los estadounidenses se hicieron con la región en que vivía su gente, sometieron a un gran hostigamiento tanto a su tribu, la de los senecas, como a otras. Él fue uno de los mediadores más destacados con el Gobierno de los Estados Unidos, que le otorgó, durante una reunión celebrada con George Washington en 1792, la medalla de la paz con que aparece en los retratos posteriores.

El suyo fue un tiempo muy complejo en el que resultaba difícil no salir perjudicado de las luchas de poder. «Si ganan los británicos —aseveró en la guerra de 1812, donde apoyó a los estadounidenses contra sus antiguos aliados—, nos arrebatarán nuestro país; si logran rechazarlos los americanos, reclamarán nuestra tierra por derecho de conquista.»

Pese a todo, con el tiempo fue volviéndose más reacio a la asimilación de la cultura occidental por parte de su pueblo, convencido, entre otras cosas, de que la relación de este con los blancos había tenido como resultado poco más que la adquisición de los vicios de estos por parte de los indios. Por eso pide que les permitan recuperar sus costumbres ancestrales y se opone a los matrimonios mixtos, a la introducción de las artes del invasor y a la adopción de su idioma. Por encima de todo, rechaza la conversión de su gente al cristianismo, religión que considera irreconciliable con la suya, tal como pondría de relieve en las palabras que dirigió a cierto clérigo de renombre:

Hermano, si los hombres blancos matasteis al Hijo del Gran Espíritu, los indios no tuvimos nada que ver y no es problema que nos incumba. Si hubiese venido a nosotros, no lo habríamos matado: lo habríamos tratado bien. Los blancos que lo mataron deberían sufrir condena por ello. Deberíais ser vosotros quienes reparasen el daño de semejante crimen.

En el verano de 1805, lo convocaron a un consejo para escuchar la propuesta del reverendo Jacob Cram, misionero de Nueva Inglaterra. También estaban presentes el intérprete del Gobierno y el agente comisionado para Asuntos Indios. El religioso se dirige a los indios como «amigos y hermanos» y les dice sin ambages: «Nunca habéis venerado al Gran Espíritu de un modo que le resulte aceptable y vuestras vidas han estado siempre sumidas en graves errores y en la oscuridad». Asevera que, durante el tiempo que lleva visitando los poblados iroqueses de la región septentrional del estado de Nueva York, ha notado que los habitantes están dispuestos a recibir sus enseñanzas, pero no sin antes contar con el beneplácito de los ancianos. Por eso pide que le expresen con sinceridad su parecer. «Ya habéis oído lo que tengo que proponer —concluye—. Espero que lo toméis en consideración y me deis una respuesta antes de que nos separemos.»

Después de dos horas de deliberación con sus hombres, Casaca Roja se levanta para ofrecer el discurso. Manifiesta su convencimiento de la existencia de un solo Dios, pero no de una sola religión, pues a cada pueblo le ha revelado la suya propia. ¿Qué sentido tiene, entonces, abrazar la ajena? Si el Gran Espíritu ha otorgado su libro sagrado a los blancos y no a los indios, parece evidente que su deseo es que cada uno siga sus propios ritos.

Acabado su razonamiento, los indios se pusieron en pie y dieron un paso al frente para estrechar la mano del reverendo, quien, sin embargo, se la negó por considerar que no podía existir «amistad entre la religión de Dios y el diablo». Sus interlocutores le respondieron con una sonrisa al oír la traducción de sus palabras y se retiraron.

El texto original se ha extraído de la publicación del discurso en la revista *Monthly Anthology* (1809) con el título «Indian speech, delivered before a gentleman missionary, from Massachusetts, by a chief, commonly called by the white people Red Jacket. His Indian name is Sagu-ya-what-hath, which being interpreted, is Keeper-Awake». En la traducción que sigue, se añade entre corchetes un párrafo que no aparece en la primera edición y que generalmente se considera interpolado con posterioridad.

CASACA ROJA
RESPONDE AL REVERENDO JACOB CRAM

Amigo y hermano, ha querido la voluntad del Gran Espíritu que nos reunamos este día. Él, que lo ordena todo, nos ha brindado un día hermoso para celebrar nuestro consejo. Ha retirado los ropajes que había colocado delante del sol para que luzca brillante sobre nosotros. Tenemos los ojos abiertos para ver con claridad y los oídos bien despejados para oír sin dificultad las palabras que acabas de pronunciar. Por todos estos dones, damos las gracias al Gran Espíritu y solo a él.

Hermano, eres tú quien ha encendido el fuego de este consejo. A petición tuya nos hemos reunido hoy. Hemos escuchado con atención lo que has dicho. Nos has pedido que expresemos con libertad nuestros pensamientos. Eso nos llena de alegría, porque entendemos que podemos hablar erguidos ante ti y expresando con franqueza nuestras opiniones. Todos hemos oído tu voz y todos te hablamos ahora como un solo hombre. Tenemos una opinión común.

Hermano, dices que quieres recibir respuesta a tu petición antes de partir de aquí. Es justo que la tengas, pues te encuentras a una gran distancia de tu hogar y no abrigamos intención de retenerte; pero, antes, conviene que volvamos la vista atrás un poco y te transmitamos lo que a nosotros nos hicieron saber nuestros padres y lo que hemos oído del pueblo blanco.

Hermano, escucha lo que tenemos que decir. Hubo un tiempo en el que nuestros padres eran dueños de esta gran isla. Sus asentamientos se extendían desde donde nace el sol hasta donde se pone. El Gran Espíritu la había concebido para el uso de los indios. Había creado al búfalo, al ciervo y a otros animales para que nos sirvieran de alimento. Había hecho al oso y al castor, y con sus pieles nos vestíamos. Los había esparcido por todo el país y nos había enseñado a apresarlos. Había hecho que la tierra produjese maíz con que hacer pan. Todo eso lo había hecho por sus hijos rojos, porque los amaba. Si teníamos disputas sobre los terrenos de caza, las resolvíamos, por lo común, sin grandes derramamientos de sangre. Pero un día aciago, tus antepasados cruzaron las aguas inmensas y arribaron a esta isla.

Su número era escaso y aquí encontraron amigos, no oponentes. Nos dijeron que habían huido de su propio país por miedo a hombres malvados y habían venido aquí para disfrutar de su religión. Pidieron un lugar pequeño en que asentarse. Nos compadecimos de ellos, les concedimos lo que deseaban y se instalaron entre nosotros. Les dimos maíz y carne, y ellos, a cambio, nos dieron veneno.

Los blancos, hermano, habían dado con nuestro país. Al suyo llegaron nuevas del hallazgo y vinieron más a quedarse entre nosotros. Aun así, no les tuvimos miedo, ya que los tomamos por amigos. Nos trataron de hermanos y nosotros, creyéndolos sinceros, les dimos un asentamiento mayor. Pasado un tiempo, su número había crecido enormemente. Querían más tierras. Querían nuestro país. Nosotros abrimos bien los ojos y nuestra mente empezó a agitarse. Hubo guerras. En ellas, emplearon a indios para luchar contra indios y aniquilaron a mucha de nuestra gente. También nos trajeron licor fuerte, tan fuerte y poderoso que ha matado a miles de los nuestros.

Hermano, en otro tiempo, nuestros asentamientos eran vastos y los vuestros muy pequeños. Ahora vosotros os habéis convertido en un gran pueblo, y a nosotros ni siquiera nos queda el sitio necesario para extender nuestras mantas. Tenéis nuestro país, pero todavía no estáis satisfechos. También queréis imponernos vuestra religión.

Hermano, no dejes de prestarme atención. Dices que te envían para enseñarnos a adorar al Gran Espíritu según place a su mente y que, si no abrazamos la religión que enseñáis vosotros, los blancos, no seremos dichosos en el futuro.

Dices que tenéis razón y que nosotros estamos perdidos. ¿Cómo sabemos que eso es cierto? Tenemos entendido que vuestra religión está escrita en un libro. Si también iba destinado a nosotros, ¿por qué no nos lo ha dado el Gran Espíritu? Y no digo ya a nosotros: ¿por qué no les dio a nuestros antepasados el conocimiento de ese libro con los medios necesarios para entenderlo como es debido? Solo sabemos lo que nos contáis vosotros de él. ¿Cómo vamos a saber cuándo debemos creer al hombre blanco, que tantas veces nos ha engañado?

Hermano, dices que no hay más que un modo de adorar y servir al Gran Espíritu. Si no hay más que una religión, ¿por qué diferís tanto los blancos sobre ella? ¿Por qué no estáis todos de acuerdo si todos sabéis leer el libro?

Hermano, no entendemos estas cosas. Nos dicen que vuestra fe fue otorgada a vuestros antepasados y transmitida de padres a hijos. Nosotros también tenemos una religión que les fue dada a nuestros antepasados y que se ha transmitido hasta llegar a nosotros, sus hijos. Así es como rezamos nosotros. Nuestra fe nos enseña a mostrarnos agradecidos por todos los favores recibidos, a amarnos unos a otros y a estar unidos. Nunca discutimos sobre religión.

Hermano, el Gran Espíritu nos ha hecho a todos, pero hizo muy diferentes a sus hijos blancos de sus hijos rojos. Nos ha dado una tez distinta y distintas costumbres. A vosotros os ha dado las artes, algo para lo que a nosotros no nos ha abierto los ojos. Todo esto lo tenemos por cierto. Dado que ha hecho tan grande diferencia entre nosotros en otras cosas, ¿por qué no podemos concluir que nos ha dado a nosotros una religión distinta, según es nuestro parecer? El Gran Espíritu no se equivoca. Sabe qué es lo mejor para sus hijos y nosotros estamos satisfechos.

Hermano, no deseamos destruir vuestra religión ni tampoco quitárosla. Lo único que queremos es seguir disfrutando de la nuestra.

[Hermano, dices que no habéis venido a quitarnos nuestra tierra ni nuestro dinero, sino a iluminar nuestras mentes; pero deja que te diga que he estado en vuestras reuniones y os he visto recaudar dinero entre la concurrencia. No sabría decir para qué era, pero imagino que iba destinado a vuestro ministro y temo que, si nos aviniésemos a pensar como vosotros, tal vez querríais también dinero de nosotros.]

Hermano, nos dices que has estado evangelizando a los blancos en este lugar. Esas gentes son vecinas nuestras y las conocemos. Esperaremos un poco y veremos qué efecto tienen en ellos tus prédicas. Si nos parece que les hacen bien y los convierten en personas honradas y menos inclinadas a engañar a los indios, volveremos a considerar tus palabras.

Hermano, ya has oído nuestra respuesta a tu petición. Por ahora, es todo lo que tenemos que decir. Ha llegado el momento de partir, así que te daré la mano y espero que el Gran Espíritu te proteja en tu camino y permita que vuelvas sano y salvo con tus amigos.

CASACA ROJA

(1805)

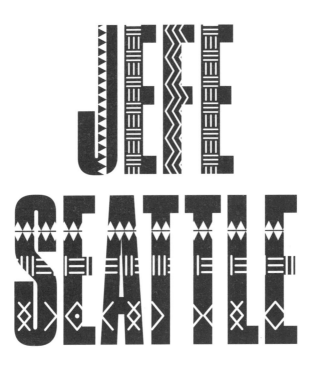

JEFE SEATTLE

(H. 1854)

En Suquamish, municipio del estado de Washington, hay una tumba marcada con una gran cruz cristiana de piedra a la que acuden anualmente a rendir honores grupos indígenas y *boy scouts*. En ella yace el jefe Seattle o Sealth (h. 1790-1866), que estuvo al frente de varias tribus del estrecho de Puget, se convirtió al catolicismo por obra de los misioneros franceses y falleció en la reserva de Port Madison. Como su padre, mantuvo una relación cordial con los blancos, a quienes, de hecho, profesó lealtad durante la sublevación india de 1855-1858. Los colonos que se habían asentado a orillas del estrecho, agradecidos, quisieron ponerle su nombre a la ciudad de Seattle. Él se mostró reacio a semejante consideración, pues, con arreglo a la religión de sus ancestros, le sería imposible descansar tras la muerte si no dejaban de nombrarlo cuando falleciera. Aquello se resolvió mediante una tasa poco cuantiosa que cobró a los colonos a modo de compensación adelantada por semejante trastorno.

En 1855 había firmado el tratado de Point Elliott, por el que los indios cedían parte de su territorio y en virtud del cual se creó una serie de reservas para los habitantes nativos de la región. Entre los signatarios de la parte estadounidense destaca Isaac Stevens, gobernador del recién fundado Territorio de Washington. A él iba dirigido el discurso que se reproduce en las páginas siguientes, pronunciado probablemente a mediados de enero de 1854. El doctor Henry A. Smith, quien decía haber estado presente en aquella ocasión, lo reprodujo más de treinta años después, el 29 de octubre de 1887, en el *Seattle Sunday Star*, en uno de los artículos periodísticos dedicado a sus evocaciones. A partir de las notas que aseguraba haber tomado (y que no han llegado a nuestros días), reconstruyó apenas una parte de la intervención del jefe indio, de la que no tenemos más noticia que la que él nos ofrece. Tampoco sabemos en qué lengua se expresó Seattle —quien no hablaba inglés— ni en cuál lo recibió Smith. Lo que sí parece más que probable es que buena parte del texto se haya amoldado, como era frecuente en la época, a las convenciones de la literatura victoriana. De hecho, es fácil percibir una clara diferencia entre su estilo y las frases, más breves y sencillas, de los dos discursos que lo preceden en este volumen.

Tampoco poseemos documentos que corroboren la existencia de aquel encuentro entre Stevens y Seattle (aunque sí hay constancia de una reunión posterior, en 1855, entre ambos), y los estudiosos del texto no se ponen de acuerdo sobre cuánto debemos al jefe indio y cuánto es cosecha propia de Smith. Aun así, y pese a que la versión de este no guarda semejanza con las disertaciones de Seattle, que sí se recogen en los Archivos Nacionales de Washington D. C., casi todos los expertos coinciden en que la esencia del mensaje debe de ser auténtica.

Sea como fuere, el discurso que transmitió Smith y que presentamos aquí tiene poco que ver con la «carta» que tan famoso ha hecho al jefe Seattle entre el público actual y que nos lo presenta como primer abanderado del ecologismo. Para ello, aún habría de pasar, al menos, por tres tamices más hasta dar lugar a las no menos de ochenta versiones que han llegado a contabilizar algunos. La de Smith no atrajo al principio demasiada atención, hasta que, en 1931, Clarence B. Bagley la reprodujo en *The Washington Historical Quarterly* con algunas variaciones e introdujo al final un añadido que se mantendría en las versiones posteriores: «¿He dicho muertos? La muerte no existe: se trata solo de un cambio de mundo». Tampoco ese texto ni su publicación, al año siguiente, en forma de librito por parte de John M. Rich, hicieron demasiada mella en el público general.

William Arrowsmith, académico renombrado por sus traducciones clásicas, recuperó el discurso en 1969 y, considerando que parecía más obra de Píndaro que de un jefe indio, decidió «mejorarlo» eliminando las influencias victorianas y tratando de restituir el estilo que habría podido usar Seattle. El contenido, sin embargo, no cambió sustancialmente.

La verdadera transformación se produjo en 1972 con *Home*, documental para televisión cuyo cartel promocional recoge ya una de las adiciones al texto que mayor repercusión tendrían hasta el presente: «La tierra no pertenece al hombre; el hombre pertenece a la tierra». Su guionista, Ted Perry, profesor universitario de Texas y colega de Arrowsmith, le pidió permiso para basarse en su traducción y, tras añadir fragmentos que se perpetuarían convertidos en lemas en defensa de la vida y de la Naturaleza, lo presentó como una carta ficticia destinada al presidente Franklin Pierce. No hay necesidad de buscar, como se ha hecho a menudo, anacronismos ni incoherencias en el contenido, pues el propio Perry reconoció ser el autor y haberse apartado de la realidad histórica con fines literarios. Según declaraciones suyas posteriores, los productores de la película, cierta sociedad baptista que también introdujo en el discurso contenido destinado a satisfacer sus «necesidades» religiosas,

considerando que el mensaje tendría más eco si se hacía pasar por auténtico, omitieron en los créditos toda mención al guionista en cuanto verdadero autor del texto.

Aquella nueva versión caló hondo en el público. Entre 1972 y 1974 apareció un librito anónimo titulado *The Decidedly Unforked Message of Chief Seattle*, que se presentó como una «adaptación» del discurso «basada en la traducción inglesa de William Arrowsmith». En 1974 se celebró en Spokane (Washington) la primera exposición mundial de tema ecologista y en el pabellón de los Estados Unidos se exhibió una versión abreviada del guion de Ted Perry. El mensaje siguió transformándose de este modo, hasta tal extremo que, entre los ochenta y los noventa, los pueblos nativos llegaron a reclamar el discurso e incluso lo tradujeron del inglés a varias de sus lenguas vernáculas.

La versión que aquí se reproduce es la del artículo original de Smith, recogido por Frederic James Grant en *History of Seattle, Washington* (Nueva York, 1891, pp. 433-436). Se ha pasado a pie de página la nota que añade Smith entre paréntesis en el cuerpo del texto.

EL JEFE SEATTLE HABLA ANTE EL GOBERNADOR ISAAC STEVENS

El viejo jefe Seattle era el indio más corpulento que haya conocido nunca y, con diferencia, el de aspecto más noble. Debía de medir un metro ochenta con mocasines, era ancho de hombros y de pecho y estaba muy bien proporcionado. Sus ojos, grandes, vivos, expresivos y amables estando en reposo, reflejaban fielmente los diversos estados de ánimo del magnífico espíritu que miraba a través de ellos. Aunque era, en general, solemne, callado y circunspecto, en las grandes ocasiones se movía entre las multitudes congregadas como un titán entre liliputienses y su palabra, aun la más liviana, era ley.

Cuando se ponía de pie en el consejo, para dar su opinión u ofrecer con delicadeza una sugerencia, todas las miradas se volvían hacia él; de sus labios brotaban frases graves, sonoras y elocuentes como el tronido incesante de las cataratas que fluyen de manantiales inagotables, y su porte majestuoso se mostraba tan noble como el del jefe militar más refinado al mando de las fuerzas de un continente. Ni su elocuencia, ni su dignidad ni su gracia eran adquiridas, sino tan consustanciales a su humanidad como lo son a un almendro en flor las hojas y los pétalos.

Su influjo era maravilloso. Podría haber sido emperador, pero todos sus instintos eran de demócrata y gobernaba a sus leales súbditos con cordialidad y la benevolencia de un padre.

Siempre recibía el halago de la marcada atención de los hombres blancos, y nunca tanto como cuando se sentaba a su mesa, ocasiones en las que, por cierto, manifestaba en mayor grado que nunca un verdadero instinto de caballero.

Cuando llegó por primera vez a Seattle el gobernador Stevens y les dijo a los nativos que lo habían nombrado agente comisionado de Asuntos Indios para el territorio de Washington, le brindaron un efusivo recibimiento frente a la consulta del doctor Maynard, cerca de la parte de Main Street que da al agua. La bahía estaba a rebosar de canoas y la playa era un inquieto hervidero de humanidad de tez morena, hasta que sonó por encima de la ingente multitud la voz de corneta del anciano jefe Seattle como el toque de diana de un tambor grave y se hizo el silencio, tan instantáneo y perfecto como el que sigue al restallido de un trueno en el cielo despejado.

Tras esto, el doctor Maynard presentó ante la multitud nativa al gobernador, quien de inmediato se lanzó a explicar, con estilo llano y directo, cuál era su misión entre ellos, que por consabida no necesita repetirse aquí.

Cuando se sentó, se puso en pie el jefe Seattle con toda la dignidad de un senador que acarrea sobre sus hombros la responsabilidad de una gran nación. Posando una mano sobre la cabeza del gobernador y señalando lentamente hacia el cielo con el índice de la otra, empezó a pronunciar su memorable discurso en tono solemne y sobrecogedor:

El mismo cielo que ha llorado lágrimas de compasión sobre nuestros padres durante siglos innumerables y que a nosotros nos parece eterno puede cambiar. Si hoy está despejado, mañana podría estar cubierto de nubes. Mis palabras son como estrellas que jamás se ponen. En lo que diga Seattle puede confiar el gran jefe Washington[1] con tanta certidumbre como confían nuestros hermanos de rostro pálido en el regreso de las estaciones. El hijo del jefe blanco nos dice que su padre nos manda saludos en gesto de amistad y buena voluntad. Es muy amable de su parte, pues sabemos que poco necesita él nuestra amistad a cambio, por ser tantas sus gentes. Ellos son como la hierba que cubre las vastas praderas, mientras que mis gentes son pocas y se asemejan a los árboles dispersos de una llanura azotada por la tormenta.

El gran jefe blanco —grande y presumo que también bueno— nos hace saber que desea comprar nuestras tierras, pero que está dispuesto a permitir que conservemos la extensión necesaria para vivir cómodamente. Su actitud parece, desde luego, generosa, pues el hombre rojo ya no posee los derechos necesarios para exigir respeto, y también sabia, quizá, pues nosotros ya no necesitamos un gran país. Hubo un tiempo en el que nuestro pueblo cubría toda la tierra como cubren las olas de un mar batido por el viento su suelo alfombrado de conchas; pero ese tiempo pasó hace mucho como pasó la grandeza de tribus casi olvidadas. No me lamentaré por

1. Antiguamente, los indios creían que Washington seguía vivo. Sabían que el apellido correspondía a un presidente y, al oír hablar del presidente de Washington, confundían el nombre de la ciudad con el del jefe imperante. También pensaban que el rey Jorge seguía siendo el soberano de Inglaterra, porque los comerciantes de la bahía de Hudson se presentaban como «hombres del rey Jorge», engaño inocente que la compañía tenía la astucia de no desmentir, sabedora de que los indios les profesarían así un respeto mayor que el que les habrían tenido de haber sabido que Inglaterra se hallaba gobernada por una mujer. Algunos estamos más avisados. (*N. del Dr. Smith.*)

nuestra prematura decadencia ni reprocharé su precipitación a mis hermanos de rostro pálido, porque también nosotros hemos tenido, quizá, parte de la culpa.

Cuando nuestros jóvenes montan en cólera por algún agravio real o imaginario y desfiguran su rostro con pintura negra, también desfiguran y ennegrecen su corazón, de modo que su crueldad se hace implacable y no conoce límites, sin que nuestros ancianos puedan hacer nada por contenerlos.

Esperemos que no regresen nunca las hostilidades entre el hombre rojo y sus hermanos de rostro pálido, porque tendríamos mucho que perder y nada que ganar. Lo cierto, sin embargo, es que nuestros jóvenes guerreros consideran que la venganza sí es algo que ganar, aunque en ello pueda irles la vida; pero los ancianos, que en tiempos de guerra permanecen en sus casas, y las ancianas, que tienen hijos que perder, son más prudentes.

Nuestro gran padre Washington, pues presumo que es nuestro padre como lo es de vosotros, ahora que Jorge ha llevado sus fronteras más al norte; nuestro padre grande y bueno, digo, nos manda saber por medio de su hijo, quien, sin duda, es un gran jefe entre su pueblo, que nos protegerá si obramos conforme a sus deseos. Sus valerosos ejércitos serán para nosotros un muro alto y poderoso y sus grandes buques de guerra llenarán nuestros puertos para que nuestros antiguos enemigos, los simsiamos y los haidas, que se extienden más al norte, no vuelvan a atemorizar a nuestras mujeres y nuestros ancianos. Por tanto, él será nuestro padre y nosotros seremos sus hijos. Pero ¿será posible tal cosa? Vuestro Dios ama a vuestro pueblo y odia al mío. Envuelve amorosamente con sus fuertes brazos al hombre blanco y lo guía como guía un padre a su hijo pequeño; pero ha dejado desamparados a sus hijos rojos. Hace que los vuestros crezcan con fuerza cada día, tanto que no tardarán en llenar la tierra, mientras que los nuestros merman como una marea que bajase con premura para no volver a subir jamás. El Dios del hombre blanco no puede amar a sus hijos rojos; si no, los protegería. Se diría que son huérfanos que no tienen dónde buscar ayuda. ¿Cómo es posible que vayamos a ser hermanos? ¿Cómo puede vuestro padre ser también el nuestro, traernos prosperidad y despertar en nosotros sueños de una grandeza recuperada?

Vuestro Dios nos parece poco ecuánime. Se manifestó al hombre blanco, pero nosotros no lo hemos visto nunca; nunca hemos oído su voz. Dio leyes al hombre blanco, pero no ha tenido nunca una palabra para sus hijos rojos, que llenaban por millones este vasto continente como llenan las estrellas el firmamento. No, somos dos razas diferentes y debemos seguir siéndolo para siempre. Hay poco en común entre nosotros. Las cenizas de nuestros ancestros son sagradas y el lugar de su último reposo es para nosotros suelo consagrado, en tanto que vosotros os alejáis de las tumbas de vuestros padres sin que eso parezca produciros pesar.

Vuestra religión está escrita en tablas de piedra por el férreo dedo de un Dios enfurecido para que no la olvidéis. El hombre rojo jamás podría recordarla ni comprenderla. Nuestra religión consiste en las tradiciones de nuestros ancestros, los sueños que a nuestros ancianos otorga el Gran Espíritu y las visiones de nuestros jefes, y está escrita en los corazones de nuestras gentes.

Vuestros muertos dejan de amaros, a vosotros y a los hogares en que nacieron, no bien cruzan los portales de su tumba. Vagan mucho más allá de las estrellas, se olvidan pronto y jamás regresan. Nuestros muertos no olvidan nunca el hermoso mundo que les dio el ser. Siguen amando sus ríos sinuosos, sus grandes montes y sus valles apartados, y hasta añoran con ternísimo afecto a los desconsolados vivos, tanto que vuelven a menudo a visitarlos y a reconfortarlos.

El día no puede cohabitar con la noche. El hombre rojo ha rehuido siempre los ofrecimientos del hombre blanco como huyen del ardor del sol de la mañana las nieblas cambiantes de la ladera.

Aun así, tu propuesta parece justa y creo que mi gente la aceptará y se retirará a la reserva que les ofreces, donde podremos vivir apartados y en paz, pues, oyendo las palabras del gran jefe blanco, se diría que la Naturaleza le está hablando a mi pueblo desde la espesa negrura que ha ido a congregarse a su alrededor con la rapidez de una densa bruma que avanzase hacia la tierra desde un mar de medianoche.

No importa gran cosa dónde pasemos lo que queda de nuestros días, porque no son muchos. La noche del indio promete ser oscura. Sobre el horizonte no pende estrella brillante alguna. A lo lejos gimen vientos de voz triste. Alguna clase de adusta némesis de nuestra raza le sigue el rastro al hombre rojo, tan de cerca que, sin importar adónde vaya, sigue oyendo los pasos firmes del feroz destructor y se apresta a hacer frente a su desgracia como la cierva herida que oye acercarse las pisadas del cazador. Unas pocas lunas más, unos cuantos inviernos, y no quedará una sola de las poderosas legiones que poblaron en otro tiempo esta tierra extensa y que ahora vagan en bandas fragmentarias por estas vastas soledades para llorar sobre las tumbas de un pueblo otrora tan poderoso y optimista como el tuyo.

Pero ¿para qué quejarse? ¿Para qué lamentarse de la suerte de mi pueblo? Las tribus están hechas de individuos y no valen más que ellos. Los hombres van y vienen como las olas del mar. Una lágrima, un rito espiritual, un canto lúgubre, y se apartan para siempre de nuestros ojos añorantes. Ni siquiera el hombre blanco, cuyo Dios caminó y habló con él como hace un amigo con otro, está exento de este destino común. Podemos ser hermanos, al fin y al cabo. Ya veremos.

Ponderaremos tu proposición y, cuando hayamos decidido al respecto, te lo haremos saber. Pero ¿deberíamos aceptarla? Yo planteo, aquí y ahora, la primera condición: que no se nos niegue el privilegio de visitar, a voluntad y sin que nadie nos moleste, las tumbas de nuestros ancestros y amigos. Cada palmo de esta región es sagrado para mi gente. Cada ladera, cada valle, cada llanura y arboleda han quedado santificados por un recuerdo afectuoso o una experiencia triste de mi tribu. Aun las rocas que parecen yacer mudas mientras se tuestan al sol a lo largo de la costa silenciosa en solemne monstruosidad, se estremecen con las memorias de hechos pasados vinculados a la suerte de mi pueblo, y el polvo mismo del suelo que pisas responde con más cariño a nuestras huellas que a las tuyas, porque está hecho de las cenizas de nuestros ancestros y nuestros pies descalzos son conscientes del tacto solidario de una tierra que rebosa de la vida de nuestros parientes.

Los guerreros atezados y las madres afectuosas, las jóvenes virginales de espíritu alegre y los chiquillos que aquí vivieron y se regocijaron, y cuyos nombres mismos se han olvidado hoy, siguen amando estas soledades, cuyas hondas fortalezas se vuelven sombrías al anochecer por la presencia de oscuros espíritus. Cuando haya desaparecido de la tierra el último hombre rojo y su recuerdo se haya convertido en un simple mito entre los hombres blancos, estas costas hervirán de los muertos invisibles de mi tribu, y, cuando los hijos de tus hijos se crean sin compañía en el campo, en el almacén, en el comercio, en la carretera o en el silencio del bosque, no estarán solos. No hay lugar en toda la tierra consagrado a la soledad. Por la noche, cuando las calles de vuestras ciudades y pueblos estén en silencio y las creáis desiertas, se hallarán en realidad atestadas de las legiones de quienes habitaron en otro tiempo esta hermosa tierra y regresan a ella porque aún la aman. El hombre blanco nunca estará solo, conque más le vale ser justo y tratar a mi pueblo amablemente, pues algún poder tienen los muertos.

Lo siguieron otros oradores, pero no tomé notas. La respuesta del gobernador Stevens fue breve. Se limitó a prometer que se reuniría con ellos en un consejo general en alguna ocasión futura para discutir el tratado propuesto. El jefe Seattle mantuvo al pie de la letra la promesa de adherirse al acuerdo que pudiera llegar a ratificarse, pues no en vano era amigo fiel e incondicional del hombre blanco. Lo que reproduzco arriba no es sino un fragmento de su discurso y carece del encanto que le confirieron la elegancia y seriedad de aquel orador anciano y atezado y la ocasión en que lo pronunció.

JEFE SEATTLE
(h. 1854)

JEFE JOSEPH

(1879)

La tribu de los nez percés, que había sido durante la primera mitad del siglo XIX una de las más poderosas del Pacífico Noroeste y de las que mejores relaciones habían mantenido con los invasores blancos, se vio expulsada de Oregón y recluida en una reserva de Idaho a finales de siglo por orden del Gobierno estadounidense. Unos aceptaron el tratado que se les ofrecía, pero otras bandas de la tribu se negaron a dejar sus tierras. Tras una década de actitud más o menos permisiva, el Gobierno federal los obligó a abandonarlas y estalló la llamada guerra de los Nez Percés (1877).

El jefe Joseph (h. 1840-1904), sabiendo que ante un enemigo tan poderoso apenas podía contar con ganar una serie de batallas, decidió exiliarse con su pueblo a Canadá, donde había logrado refugiarse Toro Sentado con los lakotas. Tras guiar a su pueblo durante un doloroso éxodo en el que los más débiles se vieron asediados por el hambre y las inclemencias del tiempo, acabó por capitular en octubre. Con todo, sus condiciones no mejoraron tras la rendición y, en enero de 1879, acudió a Washington para exponer la situación de su gente en un discurso que se publicaría ese mismo año en el volumen 128 de *The North American Review*.

En él, durante dos horas, traza la historia de la convivencia de su pueblo con los blancos desde la llegada de los franceses, la expedición de Lewis y Clark y la aparición del cristianismo de la mano del reverendo Henry H. Spaulding, que convirtió a su padre, Tuekakas o Joseph el Viejo. Cuando Isaac Stevens, gobernador del Territorio de Washington al que ya conocemos del discurso de Seattle, quiso hacerse con la región en que habitaban, el jefe Lawyer («abogado») vendió Wallowa (en el noreste del estado actual de Oregón), que no pertenecía a su banda, sino a la de Joseph.

Los blancos son cada vez más numerosos y Joseph y los suyos temen por su territorio, pero desean vivir en paz y son conscientes de que el enemigo es más poderoso, de modo que ceden una parte. Aun así, estalla la guerra. Joseph mantendrá después que tal cosa no habría ocurrido si el general Oliver O. Howard les hubiese dado más tiempo para recoger su ganado y el resto de sus posesiones antes de abandonar su tierra y si hubieran tratado a Toohoolhoolsuit «como debe tratarse a un hombre».

Aunque, tras la rendición, se les promete que podrán regresar a la reserva (a la «agencia») de Idaho, les asignan un lugar insalubre y, en julio de 1878, los transportan en tren a Baxter Springs (Kansas). En Washington, visita al presidente de los Estados Unidos (el «gran padre jefe») y a los diputados del Congreso.

En 1885, cuando quedaban con vida menos de trescientos, les permitieron, al fin, volver al Pacífico Noroeste, aunque a Joseph lo mandaron a otra reserva. Murió en 1904, «de un corazón roto», según el médico que atendió durante sus últimos años al hombre al que el mismísimo Búfalo Bill consideró «el indio más grande que haya dado nunca América».

La traducción que aquí se ofrece sigue el texto publicado en *The North American Review* (1879) bajo el título «An Indian's Views of Indian Affairs». Se incluyen entre corchetes las notas aclaratorias que introdujo entre paréntesis su editor, William H. Hare, obispo del Distrito Misionero de Niobrara (Dakota del Sur).

EL JEFE JOSEPH SE DIRIGE A UNA ASAMBLEA DE DIPUTADOS Y DIGNATARIOS ESTADOUNIDENSES

Amigos,

se me ha pedido que os muestre mi corazón y me alegra tener la ocasión de hacerlo. Deseo que el pueblo blanco entienda a mi pueblo.

Algunos creéis que un indio es como un animal salvaje, pero cometéis un gran error.

Os hablaré de nuestro pueblo y, a continuación, podréis juzgar si el indio es o no un hombre. Estoy convencido de que nos ahorraríamos muchas dificultades si abriésemos más nuestros corazones. Os contaré, a mi manera, cómo ven los indios la realidad. El hombre blanco tiene más palabras para contaros cómo la concibe, pero decir la verdad no requiere muchas palabras. Lo que vengo a deciros procede directamente de mi corazón y lo diré con lengua franca. Ahcumkinimamehut [el Gran Espíritu] me está mirando y oirá lo que digo.

Me llamo Inmuttooyahlatlat [Trueno que Recorre Montañas] y soy jefe de la banda Wallamwatkin, de los *chutepalu* o *nez percés* [indios de nariz horadada]. Nací en el este de Oregón hace treinta y ocho inviernos. Mi padre fue jefe antes que yo. De joven recibió el nombre de Joseph de boca del señor Spaulding, misionero. Murió hace años. Dejó un buen nombre sobre la tierra. Me dio buenos consejos por el bien de mi pueblo.

Nuestros padres nos dieron muchas leyes que habían aprendido de sus padres. Eran leyes buenas. Nos enseñaron a tratar a todos los hombres como ellos nos trataron a nosotros, a no ser nunca los primeros en quebrantar un acuerdo, que mentir es una deshonra, que debemos decir solo la verdad, que es vergonzoso tomar la mujer o la propiedad de otro hombre sin pagar por ello. Nos enseñaron a creer en que el Gran Espíritu lo ve y lo oye todo, y en que jamás olvida; en que, en el futuro, concederá a cada hombre un hogar espiritual según lo haya merecido: si ha sido bueno, tendrá un buen hogar; si ha sido malo, tendrá un mal hogar. Esto es lo que yo creo y lo que cree también toda mi gente.

Ignorábamos que hubiera otras gentes aparte de los indios hasta hace unos cien inviernos, cuando vinieron a nuestro país hombres con el rostro blanco. Trajeron muchas cosas con las que comerciar a cambio de pieles. Trajeron tabaco, algo que nosotros no habíamos visto nunca; trajeron armas con pedernal que asustaron a nuestras mujeres y nuestros hijos... Los nuestros no sabían hablar con aquellos hombres de rostro blanco, pero usaban signos que entiende todo el mundo. Aquellos hombres eran franceses y llamaron a nuestro pueblo *nez percé* porque nuestras gentes se adornaban la nariz con aros. Así se nos conoce todavía, aunque son muy pocos ya los que los llevan. Estos tramperos franceses les contaron a nuestros padres muchas cosas que han arraigado en nuestro corazón. Algunas nos han hecho bien, pero otras eran malas. La opinión de nuestro pueblo sobre estos hombres quedó dividida. Había quien consideraba que entre sus enseñanzas eran más las negativas que las positivas. El indio respeta al hombre valiente, pero desprecia al cobarde. Le gustan las lenguas sinceras, pero odia las viperinas. Los tramperos franceses nos contaron verdades y mentiras.

Los primeros hombres blancos de vuestro pueblo que llegaron a nuestro país se llamaban Lewis y Clark. También ellos trajeron muchas cosas que nuestras gentes no habían visto nunca. Hablaban con franqueza y nuestro pueblo los agasajó con un gran banquete en señal de un corazón amistoso. Aquellos hombres fueron muy amables. Hicieron obsequios a nuestros jefes y nuestra gente los obsequió a ellos. Teníamos muchos caballos y les dimos los que necesitaron, y ellos nos dieron armas y tabaco a cambio. Todos los nez percés entablaron amistad con Lewis y Clark y se avinieron a dejarlos pasar por su país y a no hacer nunca la guerra a los blancos.

Los nez percés no han roto jamás esta promesa. Ningún hombre blanco podrá acusarlos de mala fe sin hablar con lengua bífida. Los nez percés siempre han tenido a honra ser amigos de los blancos.

Cuando mi padre era joven, vino a nuestro país un hombre blanco [el reverendo Spaulding] que hablaba de la ley del espíritu y que se ganó el afecto de nuestra gente, porque le contaba cosas buenas. Al principio no mencionó que los hombres blancos quisieran asentarse en nuestras tierras. Nunca se dijo nada al respecto hasta hace unos veinte inviernos, cuando vino a nuestro país cierto número de blancos a construir casas y crear granjas. Al principio, los de nuestro pueblo no protestaron. Pensaron que había espacio suficiente para que viviésemos todos en paz y, además, estaban aprendiendo de los hombres blancos muchas cosas que parecían buenas.

Sin embargo, poco después descubrimos que los blancos se estaban haciendo ricos con mucha rapidez y que ansiaban poseer todo lo que tenían los indios. Mi padre fue el primero en darse cuenta de sus maquinaciones y advirtió a su tribu que debía andarse con cuidado en sus negocios con ellos. Receló de quienes tan ansiosos parecían por amasar dinero. Yo era entonces un niño, pero recuerdo muy bien sus palabras de prevención. Tenía el ojo más agudo que el resto de nuestro pueblo.

Luego vino un oficial blanco [el gobernador Stevens] e invitó a todos los nez percés a parlamentar para firmar un tratado. Tras comenzar la reunión, reveló el contenido de su corazón. Dijo que había muchos blancos en nuestro país y que vendrían muchos más, que pretendía demarcar la tierra para que los indios y los blancos pudieran estar separados. Si querían vivir en paz, era necesario, a su decir, que los indios tuviesen un país aparte del de ellos y que permanecieran en él. Mi padre, que representaba a su banda, no quiso saber nada del consejo en que se habló del tratado, porque deseaba ser un hombre libre. Dejó claro que ningún hombre podía considerarse propietario de la tierra y que nadie podía vender lo que no era suyo. El señor Spaulding lo tomó del brazo y le dijo:

—Anda, firma el tratado.

Mi padre lo apartó y le respondió:

—¿Por qué me pides que renuncie a mi país? Tu misión consiste en hablarnos de asuntos espirituales y no en hacer que nos desprendamos de nuestra tierra.

El gobernador Stevens instó a mi padre a aceptar su tratado, pero mi padre se negó.

—No pienso firmar tu papel —le aseguró—. Tú vas adonde te place y yo también. No eres ningún niño ni yo tampoco. Sé pensar por mí mismo. Nadie puede pensar por mí. Yo no tengo más hogar que este y no pienso entregárselo a nadie. Mi gente no tendría hogar. Llévate tu papel, porque ni siquiera dejaré que lo toque mi mano.

Mi padre abandonó el consejo. Entre los jefes de las otras bandas de nez percés hubo algunos que firmaron el tratado y a los que, después, el gobernador Stevens obsequió con mantas. Mi padre advirtió a su gente de que no aceptase agasajos, pues, según dijo, «pasado un tiempo querrán hacer ver que los habéis recibido en pago de vuestro país».

Desde entonces, han sido cuatro las bandas que han recibido rentas anuales de los Estados Unidos. A mi padre lo invitaron a muchos consejos e intentaron por todos los medios que firmase el tratado; pero él se mantuvo firme como una roca y no quiso renunciar a su hogar. Su negativa provocó un desacuerdo entre los nez percés.

El siguiente consejo referente al tratado se celebró ocho años después [1863]. Un jefe al que llamaban Lawyer porque tenía la elocuencia de un abogado tomó la iniciativa en aquel encuentro y vendió casi todo el país de los nez percés. Mi padre no estaba presente. Él fue quien me dijo:

—Cuando te reúnas con el hombre blanco, ten siempre presente tu país. No lo entregues. El hombre blanco te engañará para arrebatarte tu hogar. Yo no he recibido pago alguno de los Estados Unidos. Nunca he vendido nuestra tierra.

En aquel tratado, Lawyer actuó sin que nuestra banda le hubiese otorgado autoridad alguna. No tenía derecho a vender el país de Wallowa [«agua sinuosa»], porque ese territorio había pertenecido siempre al pueblo de mi padre y el resto de las bandas no había puesto nunca en duda nuestro derecho a estar en él. Nunca lo habían reclamado otros indios.

Para que todos supieran cuál era la tierra que nos pertenecía, mi padre la rodeó con postes y dijo:

—Dentro está el hogar de mi pueblo. El hombre blanco puede tomar las tierras de fuera, pero mis gentes han nacido todas dentro de estos límites. En ellos están incluidas las tumbas de nuestros padres y jamás entregaremos a ningún hombre esas tumbas.

Los Estados Unidos aseguraron que habían comprado a Lawyer y otros jefes todo el país de los nez percés no perteneciente a la reserva de Lapwai; pero nosotros seguimos viviendo en paz en esta

tierra hasta hace ocho años, cuando los hombres blancos empezaron a entrar en los confines que había marcado mi padre. Nosotros les advertimos de que estaban cometiendo una ofensa terrible, pero ellos no quisieron dejar nuestra tierra y se creó entre nosotros cierto resentimiento. Los hombres blancos hicieron ver que estábamos en pie de guerra. Contaron muchas cosas que eran falsas.

El Gobierno de los Estados Unidos volvió a convocar un consejo para hablar del tratado. Mi padre había perdido la vista y estaba débil. Ya no podía hablar en nombre de su pueblo. Fue entonces cuando yo ocupé su lugar como jefe. En ese consejo pronuncié mi primer discurso ante los hombres blancos. Le dije al agente comisionado que nos convocó:

—No quería venir a este consejo, pero he acudido con la esperanza de evitar derramamientos de sangre. El hombre blanco no tiene derecho a venir aquí y quedarse con nuestro país. Nosotros no hemos aceptado nunca ningún regalo del Gobierno. Ni Lawyer ni ningún otro jefe tienen autoridad para vender esta tierra. Siempre ha pertenecido a mi pueblo, que la recibió prístina de nuestros padres, y la defenderemos mientras haya una sola gota de sangre india calentando los corazones de nuestros hombres.

El agente dijo que tenía órdenes del gran jefe blanco de Washington de llevarnos a la reserva de Lapwai y que, si las obedecíamos, nos ayudaría de muchas formas.

—Debéis mudaros a la agencia —dijo él.

Yo le respondí:

—Ni pensarlo. No necesito vuestra ayuda. Tenemos cuanto nos hace falta y estaremos felices y contentos si nos deja en paz el hombre blanco. La reserva es muy pequeña para tantas personas y todos sus animales. Quédate con tus regalos, que ya iremos nosotros a vuestras ciudades a pagar por lo que necesitemos. Tenemos caballos y ganado de sobra para vender y no aceptaremos ninguna ayuda vuestra. Ahora somos libres y podemos ir adonde nos plazca.

Nuestros padres nacieron aquí. Aquí vivieron, aquí murieron y aquí tienen sus tumbas. Nunca los abandonaremos.

El agente comisionado se fue y tuvimos paz durante un tiempo breve.

Poco después, mi padre me mandó llamar. Lo encontré moribundo. Lo cogí de la mano y él me dijo:

—Hijo mío, mi cuerpo está a punto de volver a mi madre tierra y mi espíritu no tardará en ver al jefe Gran Espíritu. Cuando yo no esté, piensa en tu país. Eres el jefe de este pueblo. Esperan que los guíes. No olvides nunca que tu padre no vendió esta tierra. Debes hacer oídos sordos a quien te pida que firmes un tratado para vender tu hogar. De aquí a pocos años más, el hombre blanco os rodeará por todas partes. Se ha propuesto apropiarse de esta tierra. Hijo mío, no olvides nunca lo que te he dicho en mi lecho de muerte. En este país está el cuerpo de tu padre. No vendas nunca los huesos de tu madre y de tu padre.

Yo estreché con fuerza su mano y le dije que protegería su tumba con mi vida. Mi padre sonrió y se marchó a la tierra de los espíritus.

Lo enterré en aquel hermoso valle de aguas sinuosas. Amo esa tierra más que el resto del mundo. Un hombre que no ama la tumba de su padre es peor que un animal salvaje.

Pudimos vivir tranquilamente durante un tiempo; pero no duró mucho. El hombre blanco había encontrado oro en los montes que rodean la tierra de las aguas sinuosas. Nos robaron muchos caballos y no pudimos recuperarlos por el hecho de ser indios. Los blancos nos mintieron sin descanso. Se llevaron muchas de nuestras reses y hubo quien marcó a las más jóvenes para poder decir que eran suyas. Carecíamos de amigos que pudiesen interceder por nosotros ante los consejos legales.

Yo sospechaba que algunos de los hombres blancos de Wallowa hacían cosas así a propósito para provocar una guerra, porque sabían que no teníamos las fuerzas necesarias para combatirlos. Me desviví por evitar disputas y derramamientos de sangre. Cedimos parte de nuestro país al hombre blanco, pensando que hacer tal cosa nos daría la paz.

Nos equivocábamos: el hombre blanco no nos pensaba dejar tranquilos. Podríamos haber vengado muchas veces las afrentas sufridas y no lo hicimos. Cuando el Gobierno nos ha pedido ayuda para combatir a otros indios, nunca nos hemos negado. Cuando los blancos eran pocos y nosotros fuertes, podríamos haberlos exterminado a todos; pero los nez percés deseábamos vivir en paz.

Si no lo hemos hecho no ha sido por nuestra culpa. Creo que el antiguo tratado no se ha presentado nunca como es. Si la tierra ha sido nuestra en algún momento, sigue siéndolo aún, porque jamás la hemos vendido.

Los comisionados presentes en los consejos en los que se han discutido los tratados han dicho siempre que nuestro país se había vendido al Gobierno. Imagina que un hombre blanco viene a decirme:

—Joseph, me gustan tus caballos y quiero comprarlos.

Y yo le digo:

—No, mis caballos no están en venta porque me hacen falta.

Entonces, se dirige a mi vecino y le dice:

—Joseph tiene buenos caballos. Quiero comprárselos, pero él no los vende.

Mi vecino responde:

—Pues dame a mí el dinero, que yo te vendo los caballos de Joseph.

El hombre viene de nuevo a mí para decirme:

—Joseph, he comprado tus caballos, así que tengo derecho a llevármelos.

Si nosotros les hemos vendido nuestras tierras al Gobierno, ha sido así.

Porque el hombre blanco reclama mi territorio en virtud del tratado que firmó con otras bandas de nez percés. Siempre nos han preocupado mucho los hombres blancos que se han congregado en multitud al otro lado de la línea. Algunos eran buenas gentes y vivimos con ellos en pacífica convivencia; pero no todos lo eran.

Casi un año tras otro, ha venido el agente comisionado de Lapwai a ordenarnos que fuésemos a la reserva. Siempre le hemos respondido que estamos bien en Wallowa y siempre hemos puesto gran empeño en rechazar los regalos y los pagos anuales que nos ha ofrecido.

Durante los años transcurridos desde que llegó a Wallowa el hombre blanco, hemos sido objeto de amenazas y de burlas suyas y de los nez percés firmantes del tratado. Nunca nos han dado tregua. Hemos tenido unos cuantos buenos amigos entre los hombres blancos y siempre nos han recomendado que soportásemos tales mofas sin combatir. Nuestros jóvenes son irascibles y me ha costado mucho evitar que actúen con precipitación. Llevo desde niño soportando una gran carga sobre mis hombros. Entonces aprendí que éramos pocos, mientras que los blancos eran muchos, y que no podíamos medirnos con ellos. Éramos como ciervos y ellos, como osos pardos. Nosotros teníamos un país pequeño y su país era grande. Nosotros nos conformábamos con dejar que las cosas fuesen como las hizo el jefe Gran Espíritu. Ellos no: ellos cambiaban los ríos y los montes si no les convenían.

Año tras año, se nos ha amenazado, aunque nunca se le ha hecho la guerra a mi gente hasta hace dos, cuando vino el general Howard a decirnos que era el jefe de guerra blanco de todo este país. Dijo:

—Tengo muchísimos soldados a mis órdenes. Los traeré y hablaré otra vez contigo. No pienso ser el hazmerreír de los blancos cuando regrese. El país pertenece al Gobierno y tengo la intención de llevaros a la reserva.

Yo protesté al saber que pensaba acudir con más soldados al país de los nez percés, pues en aquel momento tenía un contingente entero en Fort Lapwai.

A la primavera siguiente, el agente al cargo de la agencia de Umatilla envió a un mensajero indio a pedirme que me reuniese con el general Howard en Walla Walla. Como me fue imposible ir personalmente, mandé a mi hermano y a otros hombres destacados a reunirse con él y a hablar con él largo y tendido.

El general Howard dijo:

—Habéis hablado rectamente y me parece bien. Podéis quedaros en Wallowa.

Insistió en que mi hermano y los demás fuesen con él a Fort Lapwai. Cuando llegó allí la partida, el general Howard mandó mensajeros y convocó a los indios a un gran consejo. En ese sí estuve yo.

Le dije al general Howard:

—Te escuchamos.

Él respondió que no hablaría en ese momento, sino que tenía intención de celebrar al día siguiente un consejo en el que hablaría sin rodeos.

Yo le dije:

—Estoy listo para hablar hoy. He estado en muchos consejos, pero eso no me hace más sabio. Todos hemos nacido de una mujer, aunque seamos diferentes en muchas cosas. No es posible que nos hagan de nuevo. Tú eres como te hicieron y como te hicieron seguirás siendo. Nosotros somos como nos hizo el Gran Espíritu y no nos puedes cambiar. ¿Por qué habrían de pelearse los hijos de una madre y un mismo padre? ¿Por qué iban a querer engañarse unos a otros? Dudo mucho de que el jefe Gran Espíritu haya dado a una clase de hombres el derecho a decirle a otra clase de hombres lo que hacer.

El general Howard respondió:

—Niegas mi autoridad y pretendes darme órdenes, ¿verdad?

Entonces, uno de mis jefes, Toohoolhoolsuit, se puso en pie y le dijo al general Howard:

—El jefe Gran Espíritu hizo el mundo como es y como él quiso, y creó una parte para que nosotros viviésemos en ella. No sé de dónde puede venirte la autoridad para decidir que no vivamos donde él nos puso.

El general Howard montó en cólera y dijo:

—¡Calla! No pienso seguir escuchando vuestros argumentos. La ley dice que tenéis que ir a vivir a la reserva y eso es lo que quiero que hagáis; pero vosotros os empeñáis en desobedecer la ley [se refería al tratado]. Si no os mudáis, me encargaré yo mismo de haceros pagar por vuestra desobediencia.

Toohoolhoolsuit le respondió:

—¿Quién eres tú para pedirnos que hablemos y luego prohibirme que hable? ¿El Gran Espíritu acaso? ¿Has hecho tú el mundo? ¿Has hecho el sol? ¿Has hecho que corran los ríos para darnos de beber? ¿Has hecho que crezca la hierba? ¿Has hecho todas estas cosas de las que nos hablas como si fuésemos unos críos? Si has sido tú, entonces tienes derecho a hablar así.

El general Howard respondió:

—Eres un sujeto insolente y voy a hacer que te encierren en el calabozo. —Dicho esto, ordenó a un soldado que lo arrestase.

Toohoolhoolsuit no hizo nada por resistirse; solo le preguntó al general Howard:

—¿Eso es lo que quieres? Me da igual. Lo que he dicho lo he dicho de corazón y no tengo nada de lo que retractarme. He hablado en nombre de mi país. Arrestadme si queréis, pero no podréis cambiarme ni hacer que retire lo que he dicho.

Los soldados dieron un paso al frente para apresar a mi amigo y llevárselo al calabozo. Mis hombres consultaron entre ellos, sin alzar la voz, si debían dejar que ocurriera. Yo les recomendé que se

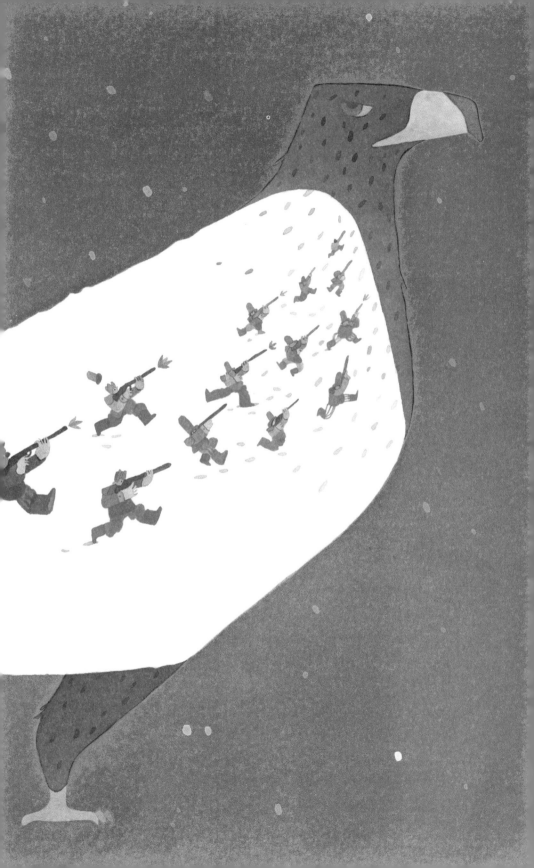

sometieran. Sabía que, si nos resistíamos, todos los hombres blancos allí presentes, incluido el general Howard, morirían al instante y se nos culparía a nosotros. Si no hubiese intervenido yo, el general Howard jamás habría dado otra orden injusta contra mis hombres. Vi el peligro y, mientras se llevaban preso a Toohoolhoolsuit, me puse en pie y hablé.

—Ahora voy a hablar yo y me da igual si quieres arrestarme. —Me volví hacia mi gente y dije—: La detención de Toohoolhoolsuit ha estado muy mal, pero no vamos a dejarnos ofender por el insulto. Nos han invitado a este consejo para expresar lo que siente nuestro corazón y eso es lo que hemos hecho.

Toohoolhoolsuit estuvo prisionero cinco días y después lo soltaron.

La sesión del consejo se levantó por aquel día. A la mañana siguiente, vino el general Howard a mi alojamiento y me invitó a acompañarlos a él, a Pájaro Blanco y a Cristal Azogado a buscar una tierra para mi pueblo. A caballo, pasamos por terrenos espléndidos que ya habían sido ocupados por indios y por gente blanca. El general Howard, señalándolos, me dijo:

—Si vienes a la reserva, te daré estas tierras y cambiaré a esta gente de sitio.

Yo respondí:

—No, no estaría bien molestar a esta gente. No tengo derecho a quedarme con su casa. Nunca he cogido lo que no me pertenecía y no pienso hacerlo ahora.

Dedicamos todo el día a recorrer a caballo la reserva y no encontramos tierra alguna de calidad que no estuviese ya ocupada. Gente que no miente me ha informado de que el general Howard mandó una carta aquella noche diciendo a los soldados del fuerte de Walla Walla que fuesen al valle de Wallowa y nos expulsaran después de que regresáramos con los nuestros.

Al día siguiente, en el consejo, el general Howard me informó con espíritu arrogante de que nos daría treinta días para volver a nuestro hogar, recoger todo nuestro ganado y mudarnos a la reserva. Me dijo:

—Si en ese tiempo no estáis allí, entenderé que queréis guerra y mandaré a mis hombres a obligaros.

Yo le dije:

—La guerra puede evitarse y debe evitarse. No quiero guerra. Mi pueblo siempre ha sido amigo del hombre blanco. ¿A qué viene tanta prisa? No puedo preparar un traslado así en treinta días. Tenemos disperso el ganado y el río Snake está muy alto. Déjanos hasta el otoño. Entonces, el río estará bajo. Necesitamos tiempo para reunir los animales y hacernos con víveres para el invierno.

El general Howard respondió:

—Si dejáis pasar un solo día más, mandaré a los soldados para que os lleven a la reserva y caigan en manos de los hombres blancos todas las reses y los caballos que no estén en ella.

Yo sabía que nunca había vendido mi país y que no tenía tierras en Lapwai, pero no quería derramar sangre. No quería que mataran a mi gente. No quería que mataran a nadie. Algunos de los míos habían sido asesinados por hombres blancos y a los asesinos blancos nunca los habían castigado por ello. Se lo recordé al general Howard y le repetí que no quería que hubiese guerra. Quería que la gente que vivía en las tierras que iba a ocupar yo en Lapwai tuviese tiempo de recoger su cosecha.

Dije, de corazón, que, antes que provocar una guerra, renunciaría a mi país; renunciaría a la tumba de mi padre; renunciaría a todo antes que manchar las manos de mi gente de la sangre de los hombres blancos.

El general Howard se negó a darme más de treinta días para trasladar a mi gente y su ganado. Estoy convencido de que empezó a prepararse de inmediato para la guerra.

Cuando volví a Wallowa, encontré a mi gente muy nerviosa

tras descubrir que los soldados habían llegado ya al valle. Celebramos un consejo y decidimos mudarnos enseguida para evitar un derramamiento de sangre.

Toohoolhoolsuit, indignado por su encarcelamiento, abogó por la guerra e hizo que muchos de los jóvenes se mostraran dispuestos a luchar antes que verse arrastrados como perros de la tierra en la que habían nacido. Declaró que solo con sangre podría limpiar la deshonra que había sufrido por culpa del general Howard. Hacía falta un corazón muy fuerte para oponerse a semejante argumentación, pero yo insté a mi gente a mantener la calma y no empezar una guerra.

Reunimos todo el ganado que pudimos encontrar e intentamos mudarnos. Dejamos en Wallowa buena parte de nuestros caballos y nuestras reses, y perdimos varios centenares de cabezas cruzando el río. Toda mi gente logró llegar a salvo al otro lado. En el cañón de las Rocosas se congregaron muchos de los nez percés para celebrar un gran consejo. Yo acudí con toda mi gente. El consejo duró diez días. Se habló mucho de guerra y todos estaban muy agitados. Estaba allí presente un joven guerrero cuyo padre había muerto a manos de un hombre blanco hacía cinco años. Su sangre le pedía enfrentarse a los blancos y abandonó el consejo clamando venganza.

Yo volví a pedir la paz y pensé que había pasado el peligro. No habíamos acatado la orden del general Howard porque era imposible, pero teníamos la intención de hacerlo tan pronto como estuviéramos en condiciones. Me disponía a dejar ya el consejo para matar una res para mi familia cuando llegó la noticia de que el joven a cuyo padre habían asesinado había salido con otros guerreros de sangre caliente de su edad y juntos habían matado a cuatro hombres blancos.

Llegó a caballo al consejo y gritó:

—¿Qué hacemos aquí, sentados como mujeres? La guerra ha empezado ya.

Yo me sentí apenado en lo más hondo. Se desmontaron todas las tiendas menos las de mi hermano y las mías. Tuve claro que tampoco nosotros escaparíamos a la guerra cuando supe que mis jóvenes habían estado comprando municiones en secreto. Entonces oí que Toohoolhoolsuit, a quien había apresado el general Howard, había conseguido organizar una partida de guerra. Sabía que sus actos arrastrarían a toda mi gente. Entendí que la guerra era inevitable, que ya no había nada que hacer.

Yo defendí la paz desde el principio. Sabía que no poseíamos la fuerza necesaria para combatir a los Estados Unidos. Teníamos muchas humillaciones que vengar, pero yo sabía que la guerra solo conseguiría traer más. Contábamos con buenos amigos entre los blancos que nos advirtieron que no tomáramos la senda de la guerra. El señor Chapman, amigo y hermano mío, que ha estado a nuestro lado desde el momento de la rendición, nos dijo exactamente cómo acabaría el enfrentamiento. El señor Chapman se puso en nuestra contra y ayudó al general Howard. No lo censuro por ello. Intentó, por todos los medios, evitar un derramamiento de sangre.

Teníamos la esperanza de que los colonos blancos no se unieran a los soldados. Antes del comienzo de la guerra, habíamos discutido mucho este asunto y muchos de los míos estaban a favor de asegurarles que, si no tomaban parte contra nosotros, no los molestaríamos en caso de que el general Howard declarase la guerra. Este plan se votó en el consejo de mis guerreros.

Entre mis hombres había malas gentes que habían tenido disputas con los hombres blancos y hablaron de las afrentas que habían sufrido hasta soliviantar a todos los malos corazones del consejo. Aun así, yo seguía convencido de que no empezarían la guerra. Sé que mis jóvenes hicieron muy mal, pero pregunto: ¿quién fue el primero? Los habían insultado miles de veces. Habían matado a sus padres y a sus hermanos. Habían deshonrado a sus madres y esposas. Habían sido arrastrados a la locura por el whisky que les vendía el hombre blanco. El general Howard les había dicho que todos los caballos y las cabezas de ganado que no habían podido sacar de Wallowa caerían en manos de los hombres blancos. Y, para colmo de males, se encontraban desahuciados, desesperados.

Yo habría dado la vida misma de haber podido deshacer con ello la muerte de hombres blancos a manos de mi gente. Yo digo que la culpa es de mis jóvenes y también de los hombres blancos. Digo que la culpa es del general Howard por no dar a mi gente el tiempo necesario para sacar su ganado de Wallowa. No le reconozco el derecho de ordenarme que abandonara Wallowa cuando él lo dispusiera. Niego que mi padre o yo hayamos vendido nunca aquella tierra. Sigue siendo nuestra tierra. Puede que nunca vuelva a ser nuestro hogar, pero mi padre duerme en ella y yo la amo como amo a mi madre. Salí de allí con la esperanza de evitar un derramamiento de sangre.

Si el general Howard me hubiese dado el tiempo necesario para reunir mi ganado y hubiera tratado a Toohoolhoolsuit como hay que tratar a un hombre, no habríamos tenido guerra.

Los amigos que tengo entre los hombres blancos me han culpado de la guerra. No soy yo el culpable. Cuando mis jóvenes empezaron a matar, me dolió el corazón. Aunque no los justifiqué, recordé todos los insultos que había tenido que soportar y me hirvió la sangre. Aun así, habría llevado a mi gente a la tierra del búfalo sin combatir de haber sido posible.

No veía que hubiese otro modo de evitar la guerra. Nos trasladamos a White Bird Creek, a veinticinco kilómetros, y allí acampamos con la intención de recoger nuestro ganado antes de salir; pero los soldados nos atacaron y tuvimos que librar nuestro primer combate. En aquella batalla contábamos con sesenta hombres y los soldados, con un centenar. Apenas duró unos minutos, porque ellos se retiraron a veinte kilómetros de nosotros. Perdieron a treinta y tres hombres y tuvieron siete heridos. Cuando un indio lucha, siempre tira a matar; pero los soldados disparan al azar. A ninguno de los soldados se les cortó la cabellera. Nosotros no creemos en eso, ni tampoco en matar a los heridos. Los soldados, en cambio, no matan muchos indios a no ser que se encuentren heridos o se hayan quedado atrás en el campo de batalla. Entonces sí matan indios.

Siete días después de la primera batalla, llegó el general Howard al país de los nez percés con setecientos soldados más. La guerra había empezado en serio. Cruzamos el río Salmón con la esperanza de que nos seguiría el general Howard y no nos defraudó: vino tras nosotros y nosotros nos replegamos para quedar entre él y su aprovisionamiento, del que lo aislamos durante tres días. Mandó dos compañías a franquear el paso. Los atacamos y matamos a un oficial, dos guías y diez soldados.

Nos retiramos esperando que nos siguiesen los soldados, pero aquel día habían tenido ya combate de sobra. Se atrincheraron y, al día siguiente, volvimos a atacarlos. La batalla duró todo el día y se renovó a la mañana siguiente. Matamos a cuatro y herimos a siete u ocho.

Fue en ese momento, más o menos, cuando el general Howard descubrió que nos habíamos situado en su retaguardia. Cinco días después, nos atacó con trescientos cincuenta soldados y colonos. Nosotros teníamos doscientos cincuenta guerreros. El enfrentamiento duró veintisiete horas. Nosotros perdimos a cuatro y tuvimos a varios heridos. La pérdida del general Howard fue de veintinueve muertos y sesenta heridos.

Al día siguiente, los soldados cargaron contra nosotros. Nosotros nos retiramos varios kilómetros con nuestras familias y nuestro ganado, y dejamos ochenta tiendas que cayeron en manos del general Howard.

Al ver que nos superaban en número, nos retiramos al valle del Bitterroot. Allí cayó sobre nosotros otro cuerpo de soldados que nos exigió que nos rindiéramos. Nos negamos.

Nos dijeron:

—No podéis atravesar nuestras filas.

Respondimos:

—Si nos dejáis, las atravesaremos sin presentar batalla; pero las pensamos atravesar de todos modos.

Entonces hicimos un trato con aquellos soldados: nos avinimos a no molestar a nadie y ellos se comprometieron a dejarnos cruzar en paz la región del Bitterroot. Compramos provisiones y comerciamos con ganado con los hombres blancos de la zona.

Supusimos que no habría más guerra. Pretendíamos llegar sin altercados a la tierra del búfalo y dejar pendiente hasta más tarde la cuestión de volver a nuestro país.

Con este convencimiento, viajamos durante cuatro días, hasta que, creyendo que no habría problemas, nos detuvimos y preparamos pértigas para las tiendas con la intención de llevarlas con nosotros. Volvimos a ponernos en marcha y, al cabo de dos días, vimos a tres hombres blancos pasar por nuestro campamento. Pensando que se había hecho la paz, no los molestamos. Podríamos haberlos matado o apresado, pero no sospechamos que fuesen, como eran, espías.

Aquella noche, los soldados rodearon nuestro campamento. Al alba, uno de mis hombres salió a atender a sus caballos. Los soldados lo vieron y lo abatieron como si fuera un coyote. Después he sabido que esos soldados no eran los que habíamos dejado atrás nosotros, sino que habían llegado de otra dirección. El nombre del nuevo jefe de guerra blanco era Gibbon. Cargó contra nosotros cuando parte de mi gente estaba todavía dormida. El combate fue muy duro. Algunos de mis hombres dieron un rodeo sin ser vistos y atacaron a los soldados desde la retaguardia. En aquella batalla perdimos casi todas nuestras tiendas, pero, al final, conseguimos repeler al general Gibbon.

Al ver que no había conseguido capturarnos, mandó llevar armas grandes de fuego [cañones] de su campamento, que estaba a unos pocos kilómetros de allí. Pero mis hombres se habían hecho con ellos y con todas las municiones. Los dejamos tan dañados como nos fue posible y nos llevamos la pólvora y el plomo. En el enfrentamiento con el general Gibbon, perdimos cincuenta mujeres y niños y treinta guerreros. Nos quedamos allí el tiempo necesario para enterrar a nuestros muertos. Los nez percés nunca combaten contra mujeres ni niños. Podríamos haber matado muchísimas mujeres y niños en lo que duró la guerra; pero nos habríamos sentido avergonzados por un acto tan cobarde.

Nosotros nunca les cortamos la cabellera a nuestros enemigos. Sin embargo, cuando llegó el general Howard para unirse al general Gibbon, sus exploradores indios exhumaron a nuestros muertos para cortarles la cabellera. Me han dicho que no fue por orden del general Howard por lo que se cometió tan gran deshonra.

Nos retiramos con tanta rapidez como pudimos hacia la tierra del búfalo. Seis días después, pasó cerca de nosotros el general Howard. Nosotros salimos a atacarlo y nos hicimos con casi todos sus caballos y sus mulas [casi doscientas cincuenta cabezas]. Luego, proseguimos nuestra marcha hasta la cuenca del Yellowstone.

De camino, apresamos a un hombre y a dos mujeres blancos, a los que liberamos al cabo de tres días. Los tratamos bien y no afrentamos a las mujeres.

¿Pueden citarme los soldados blancos un solo caso en el que se hiciera prisionera a una india y, tras retenerla dos días, se la liberase sin haber recibido afrenta? ¿Recibieron un trato tan respetuoso las nez percés que cayeron en manos de los hombres del general Howard? Yo niego que nadie de los de mi pueblo haya sido jamás culpable de un delito semejante.

Unos días más tarde, capturamos a otros dos hombres blancos. Uno de ellos robó un caballo y se fugó, y al otro le dimos un caballo de los peores que teníamos y le anunciamos que era libre.

Nueve días de marcha nos llevaron al lugar en que afluye al Yellowstone el Clarks Fork. Ignorábamos lo que había sido del general Howard, aunque supusimos que habría mandado conseguir más caballos y mulas. Fuera como fuere, no volvió, pero sí que nos atacó otro jefe de guerra nuevo [el general Sturgis]. Conseguimos contenerlo mientras poníamos a salvo a nuestras mujeres y niños y nuestro ganado, para lo cual dejamos a unos cuantos hombres cubriéndonos la retirada.

Pasaron varios días sin que tuviéramos noticia de ninguno de los tres generales, Howard, Gibbon ni Sturgis. Los habíamos repelido a los tres, uno detrás de otro, y empezábamos a sentirnos a salvo cuando nos atacó un ejército más, a las órdenes del general Miles. Era ya el cuarto con el que teníamos que enfrentarnos en menos de sesenta días y, como los otros, nos superaba en número.

Nada sabíamos del ejército del general Miles hasta poco antes de que cayera sobre nosotros y, partiendo en dos nuestro campamento, capturase casi todos nuestros caballos. El ataque separó del resto a unos setenta hombres, entre los que me encontraba yo mismo. Mi pequeña, de doce años, estaba conmigo. Le di un ronzal y le dije que cogiera un caballo y se reuniera con los demás que habían quedado apartados del campamento. No la he visto desde entonces, aunque me han informado de que está viva y se encuentra bien.

Pensé en mi mujer y en el resto de mis hijos, que habían quedado rodeados por los soldados, y resolví reunirme con ellos o morir en el intento. Con una plegaria en la boca al jefe Gran Espíritu, que gobierna desde lo alto, crucé desarmado la línea de soldados. Me pareció que tenía armas a uno y otro lado, delante de mí y a mis espaldas. Tenía la ropa destrozada y mi caballo estaba herido, pero yo salí ileso. Al llegar a la puerta de mi tienda, mi mujer me tendió mi escopeta diciéndome:

—Aquí tienes tu arma. ¡Lucha!

Los soldados hacían fuego sin descanso. A seis de mis hombres los mataron cerca de donde yo estaba. Diez o doce soldados cargaron contra nuestro campamento y se apoderaron de dos tiendas. Mataron a tres nez percés y perdieron a tres de los suyos, que cayeron en nuestro lado. Llamé a mis hombres para que los hicieran retroceder. Luchando desde muy cerca, a apenas veinte pasos de ellos, conseguimos obligarlos a volver a sus líneas dejando a sus muertos en nuestras manos. Nos hicimos con sus armas y sus municiones. Aquel primer día con su noche, perdimos a dieciocho hombres y tres mujeres. El general Miles perdió a veintiséis y tuvo cuarenta heridos. Al día siguiente, el general Miles envió a mi campamento a un mensajero bajo bandera blanca y yo envié a mi amigo Toro Amarillo a su encuentro.

Mi guerrero entendió que el general Miles quería que yo sopesara la situación y tuviera en cuenta que no deseaba matar a mi gente si no había necesidad. Lo interpretó como una orden de rendición con la que se quería evitar derramar más sangre. Tras comunicarme el mensaje, Toro Amarillo me dijo que se preguntaba si el general Miles hablaría en serio. Le di mi respuesta para que la transmitiera: todavía no había tomado una determinación, pero meditaría su propuesta y no tardaría en comunicarle lo que decidiera. Poco después, mandó a unos exploradores cheyenes con otro mensaje y fui yo mismo a su encuentro. Me dijeron que creían que el general Miles hablaba con sinceridad y que de veras quería la paz. Me dirigí a pie a la tienda del general Miles. Me recibió y nos dimos la mano. Me dijo:

—Ven, vamos a sentarnos a la lumbre y hablar del asunto.

Estuve con él toda la noche. A la mañana siguiente vino Toro Amarillo por ver si seguía vivo y averiguar por qué no había vuelto.

El general Miles no me dejó salir de su tienda para hablar a solas con mi amigo.

Toro Amarillo me dijo.

—Te tienen en sus manos y me temo que no van a dejarte marchar. Tengo a un oficial retenido en nuestro campamento y no lo soltaré hasta que te liberen.

Yo le dije:

—No sé lo que quieren hacer conmigo, pero, si me matan, no debes matar al oficial. De nada bueno servirá vengar mi muerte matándolo a él.

Toro Amarillo volvió a mi campamento. Aquel día no llegué a ningún acuerdo con el general Miles. La batalla volvió a retomarse estando yo aún con él. Sentía una angustia muy grande por mi gente. Sabía que estábamos cerca del campamento de Toro Sentado, en las tierras del rey Jorge, y pensé que quizá los nez percés que habían conseguido escapar volverían con refuerzos. Por la noche, ninguno de los dos lados sufrió un daño considerable.

A la mañana siguiente, se acordó que volviese a mi campamento y me encontré con el oficial que estaba allí retenido bajo bandera blanca. La opinión de mi gente sobre la rendición estaba dividida. Habríamos podido huir del monte Bear Paw si hubiésemos dejado atrás a los heridos, los ancianos y los niños; pero no estábamos dispuestos a hacer algo así, porque jamás habíamos tenido noticias de un indio herido que se hubiera recuperado estando en manos de los hombres blancos.

La noche del cuarto día, vino el general Howard con una escolta poco numerosa y con mi amigo Chapman. Por fin podíamos hablar entendiéndonos. El general Miles me dijo sin rodeos:

—Si sales y depones las armas, os perdonaré la vida y os mandaré a vuestra reserva.

Ignoro lo que debieron de haber acordado el general Miles y el general Howard.

No podía seguir viendo sufrir a mis heridos y mis mujeres. Nuestra pérdida había sido ya demasiado grande. El general Miles nos había prometido que se nos permitiría regresar a nuestro propio país con el ganado que nos quedase. Yo pensé que podríamos empezar de nuevo. Creí lo que me dijo el general Miles. Si no, jamás me habría rendido. He oído que lo censuraron por prometer que nos devolvería a Lapwai. En aquel momento, yo no habría aceptado otras condiciones. Lo habría mantenido a raya hasta que hubiesen venido en mi ayuda mis amigos y, entonces, no habría salido con vida del monte Bear Paw ni uno solo de los generales ni de sus soldados.

El quinto día, fui a ver al general Miles y le entregué mi arma diciendo:

—Desde donde está ahora el sol, no combatiré más.

Mi pueblo necesitaba descansar. Queríamos la paz.

Se me dijo que podíamos ir con el general Miles al río Tongue y quedarnos allí hasta que, en primavera, nos mandasen de nuevo a nuestro país.

A final, se decidió que nos llevarían al río Tongue y nosotros no tuvimos nada que objetar. Cuando llegamos, el general Miles recibió órdenes de trasladarnos a Bismarck, donde, según se dijo, sería menos costoso subsistir.

El general Miles se opuso a aquella orden.

Me dijo:

—No es mi culpa. He hecho lo posible por cumplir mi palabra, pero el jefe que está por encima de mí me ha dado la orden de hacerlo y debo acatarla o renunciar a mi empleo. Eso no os haría ningún bien, pues pondrían en mi lugar a cualquier otro oficial dispuesto a obedecer.

Creo que el general Miles habría cumplido su palabra si hubiese podido. No lo culpo por lo que hemos sufrido desde la rendición. No sé de quién es la culpa. Entregamos todos nuestros caballos,

más de mil cien, y nuestras sillas de montar, más de cien, y no hemos vuelto a tener noticias de ellos desde entonces. Alguien debe de tenerlos.

El general Miles encomendó a mi gente a otro soldado y nos llevaron a Bismarck. El capitán Johnson, que ahora está a nuestro cargo, recibió la orden de llevarnos a Leavenworth. Allí nos asentaron en lo bajo de la cuenca de un río, sin más agua que la de este para beber y guisar. Nosotros habíamos vivido siempre en un país salutífero de montañas altas y agua fría y clara. Muchos de los míos enfermaron y murieron, y tuvimos que enterrarlos en aquella tierra extraña. No puedo decirte cuánto sufrió mi corazón por mi gente estando en Leavenworth. Parecía que el jefe Gran Espíritu, que gobierna desde lo alto, estuviera mirando hacia otro lado y no viese lo que le estaban haciendo a mi pueblo.

En la estación cálida [julio de 1878], recibimos noticias de que nos iban a alejar todavía más de nuestro país. No se nos preguntó si nos parecía bien. Nos dieron órdenes de subir a vagones de ferrocarril. Tres de los míos murieron durante el trayecto a Baxter Springs. Morir allí fue peor que caer combatiendo en las montañas.

De Baxter Springs [Kansas] nos llevaron a territorio indio y nos asentaron sin nuestras tiendas. Apenas teníamos medicinas y habíamos caído casi todos enfermos. Setenta de los míos han muerto desde que nos mudamos allí.

Ha ido a visitarnos muchísima gente que nos ha hablado de formas muy diversas. También han ido a vernos varios jefes de Washington [el general Fish y el coronel Stickney] que han escogido una tierra para que vivamos. Nosotros no nos hemos mudado a aquella tierra, porque no es un buen lugar para vivir.

El comisionado jefe [E. A. Hayt] también nos ha visitado. Yo le dije, como a todo el mundo, que esperaba que se cumpliera la palabra del general Miles. Él me dijo que era imposible; que en mi país vivían ahora hombres blancos y que estaba ocupada toda la tierra;

que, si volvía a Wallowa, me sería imposible vivir en paz; que se habían expedido documentos legales contra los jóvenes de mi pueblo que empezaron la guerra, y que el Gobierno no podía proteger a mi gente. Sus palabras cayeron como una losa pesada sobre mi corazón. Entendí que no sacaría nada hablando con él. Otros jefes de la ley [una comisión del Congreso] vinieron a verme también y dijeron que me ayudarían a dar con un país salutífero. Ya no sabía a quién creer. Los blancos tienen demasiados jefes, que no se entienden ni hablan todos por igual.

El comisionado jefe [el señor Hayt] me invitó a ir con él y buscar un hogar mejor que el que tenemos ahora. La tierra que encontramos [al oeste de la reserva osage] me gusta más que cualquiera de las que he visto en aquella región; pero tampoco es un territorio salubre. No hay montes ni ríos. El agua está tibia. No es buena tierra para el ganado. Dudo mucho que mi gente pueda vivir allí. Me temo que moriremos todos. Los indios que ocupan aquella región se están muriendo. Le prometí al comisionado jefe Hayt que me mudaría allí y haría cuanto me fuera posible hasta que el Gobierno estuviera en condiciones de cumplir la palabra del general Miles. No me satisfizo, pero tampoco puedo hacer otra cosa.

Después de aquello, vino a mi campamento el inspector jefe [el general McNiel] y hablamos los dos largo y tendido. Me dijo que debía asignárseme un hogar en la región montañosa del norte y que escribiría una carta al gran jefe de Washington. Volvió a crecer en mi corazón la esperanza de ver los montes de Idaho y Oregón.

Al final me dieron permiso para venir a Washington y traer conmigo a mi amigo Toro Amarillo y a nuestro intérprete. Me alegro de haber venido. He podido estrechar la mano de un buen número de amigos. Con todo, hay cosas que quiero saber y que nadie parece ser capaz de explicarme. No logro entender cómo envía el Gobierno a un hombre a combatir con nosotros, como hizo el general Miles, y luego quebranta su palabra. Un Gobierno así no puede estar bien. No logro entender por qué se permite a tantos jefes hablar de formas tan diferentes y prometer cosas tan distintas. He visto al gran padre jefe [el presidente], al gran jefe que está por debajo de él [el secretario del Interior], al comisionado jefe [Hayt], al jefe de la ley [el general Butler] y a muchos otros jefes de la ley [los diputados del Congreso], y todos dicen ser mis amigos y me aseguran que se me hará justicia. Pero, aunque sus bocas hablan rectamente, sigo sin entender por qué no se ha hecho nada todavía por mi pueblo.

No oigo más que hablar sin que nadie haga nada. Las palabras amables no duran mucho si no van a alguna parte. Las palabras no son ninguna remuneración por las muertes que ha sufrido mi gente. No compensan la pérdida de mi país, plagado de hombres blancos. No protegen la tumba de mi padre. No son pago alguno por todos mis caballos y mis reses. Las palabras amables no me devolverán a mis hijos. Las palabras amables no cumplirán la promesa de tu jefe de guerra el general Miles. Las palabras amables no garantizarán la salud de mi gente ni impedirán su muerte. Las palabras amables no darán a mi pueblo un hogar en el que vivir en paz y cuidar de sí mismo. Estoy cansado de conversaciones que no van a ninguna parte. Se me enferma el corazón cuando recuerdo todas las palabras amables y las promesas rotas. He oído hablar demasiado a hombres que no tenían derecho a hablar. Se han hecho demasiadas tergiversaciones. Se han dado demasiados malentendidos entre los blancos acerca de los indios. Si el hombre blanco desea vivir en paz con el indio, podrá vivir en paz. No tiene por qué ser difícil. Trata igual a todos los hombres. Dales la misma ley. Dales a todos las mismas oportunidades de vivir y de crecer.

A todos los hombres los hizo el mismo jefe Gran Espíritu. Todos son hermanos. La tierra es la madre de todas las gentes y todas las gentes deberían tener los mismos derechos sobre ella. Es tan probable que los ríos muden su corriente para correr curso arriba como que un hombre que ha nacido en libertad se sienta satisfecho si lo estabulas y le niegas la libertad de ir adonde le plazca. Si atas un caballo a una estaca, ¿cómo quieres que engorde? Si confinas a un indio en un pedacito de tierra y lo obligas a quedarse en ella, no puedes esperar que se muestre satisfecho, que crezca ni prospere. He preguntado a varios de los grandes jefes blancos de dónde les viene la autoridad por la que se permiten decir a los indios que deben permanecer en un lugar concreto, mientras ven a los hombres blancos ir adonde les viene en gana. Ninguno ha sabido decírmelo.

Solo pido al Gobierno que se nos trate como se trata al resto de los hombres. Si no puedo ir al hogar que me es propio, dejadme tener un hogar en algún país en el que mi pueblo no muera con tanta rapidez. Me gustaría ir al valle del Bitterroot. Allí mi gente viviría sana. Donde están ahora, se mueren. Ya hemos perdido a tres desde que salí del campamento para venir a Washington.

Cuando pienso en nuestro estado me pesa el corazón. Veo hombres de mi raza tratados como forajidos, llevados de región en región o abatidos como animales.

Ya sé que mi raza debe cambiar. En nuestra situación actual no podemos ponernos a la altura del hombre blanco. Lo único que pedimos es que se nos concedan las mismas oportunidades para vivir como viven otros. Pedimos que se nos reconozca como hombres. Pedimos que se aplique por igual a todos los hombres la misma ley. Si el indio la infringe, que la ley lo castigue. Si la infringe el hombre blanco, que también lo castigue a él.

Dejadme ser un hombre libre, tener libertad para viajar, para detenerme, para trabajar, para comerciar donde yo elija, para elegir mis propios maestros, para seguir la religión de mis padres, para pensar, hablar y actuar por mí mismo, y acataré cualquier ley que se me imponga… o me someteré a la pena correspondiente.

Cuando el hombre blanco trate a un indio como al resto de los hombres blancos, no habrá más guerras. Todos seremos iguales, hermanos de padre y madre que viven bajo un mismo cielo y gobernados por un mismo Gobierno. Ese día, el jefe Gran Espíritu, que gobierna desde lo alto, sonreirá sobre esta tierra y la colmará de lluvia que lave las manchas de sangre que las manos de los hermanos han hecho en la faz de la tierra. La raza india espera que llegue ese momento y reza por ello. Ojalá no vuelva a ascender a los oídos del jefe Gran Espíritu, que está en lo alto, el lamento de hombres y mujeres heridos y que todos los pueblos sean uno solo.

In-mut-too-yah-lat-lat ha hablado en nombre de su gente.

JEFE JOSEPH
(1879)

RUTH MUSKRAT BRONSON

(1923)

l siguiente discurso fue pronunciado por una mujer amerindia. Su caso no fue único, ni mucho menos, pero quizá no sea insustancial tener en cuenta que se produjo en una sociedad en la que, cincuenta años después, el 8 de julio de 1973, las páginas de *The New York Times* recogían la noticia de que William Shockley, Nobel de Física, había instado al dirigente afroamericano Roy Wilkins a colaborar en una investigación destinada a «determinar si los negros son inferiores genéticamente a los blancos».

Ruth Muskrat vio la luz en 1897 en la reserva de la nación Delaware, hija de una inmigrante de Misuri de ascendencia angloirlandesa y un indio cheroqui de quien tomó el nombre de Rata Almizclera (que no otra cosa significa *muskrat*). Su infancia se desarrolló en un tiempo de grandes cambios para su pueblo, ya que no había pasado un año de su nacimiento cuando se aprobó la ley Curtis de 1898, que supuso un descalabro considerable para las llamadas «cinco tribus civilizadas». En los años siguientes, los cheroquis y el resto de las cinco perdieron, entre otras muchas cosas, un sistema de escolarización independiente, sin financiación ni supervisión federal, con una red de centros nada despreciable.

Este hecho la obligó a estudiar la secundaria a Tonkawa (Oklahoma), a casi trescientos kilómetros de donde había nacido. Se formó como docente, pero tuvo que dejar los estudios y trabajar dando clases para poder retomarlos, cosa que hizo en la Universidad de Oklahoma y en la de Kansas. Antes incluso de graduarse, alcanzó gran notoriedad como activista y recorrió los Estados Unidos dando conferencias sobre asuntos indios. En 1922, se convirtió en la primera representante amerindia del encuentro de la Federación Mundial de Estudiantes Cristianos, celebrado aquel año en la capital de China. Su impresionante currículo le abrió las puertas del exclusivo Mount Holyoke College, donde al año siguiente se convirtió también en la primera indígena en obtener un grado universitario en dicho centro.

Trabajó de docente en el Haskell Institute de Lawrence (Kansas), dirigido por aborígenes, y contrajo matrimonio con John F. Bronson. En 1931 entró a formar parte de la Oficina de Asuntos Indios, organismo al cargo de la supervisión de los centros educativos para la población nativa, y se encargó de buscar oportunidades de empleo para los alumnos que salían de ellos, así como, más tarde, de la asignación de becas que permitieron a más de dos mil trescientos amerindios cursar estudios universitarios.

En 1944 publicó *Indians Are People Too* («Los indios también son personas»), donde advierte, por ejemplo, de que idealizar a los de su pueblo puede resultar tan destructivo como estereotiparlos. Siguió combatiendo por los derechos civiles de su gente en distintos puestos y se enfrentó —pues tenía muy presente la desastrosa experiencia vivida por las cinco tribus siendo ella una niña— a la corriente gubernamental que pretendía acabar con las reservas e integrar a los nativos americanos en el común de la sociedad.

Ni siquiera tras retirarse con su marido a Tucson (Arizona), llegada la década de 1960, abandonó su lucha y la salud. Así, mientras se lo permitió su salud, trabajó de asesora para Save the Children.

Murió el 12 de junio de 1982, aunque el lector curioso a quien el dato arriba apuntado haya llevado a acudir a la hemeroteca en línea de *The New York Times* comprobará que el diario neoyorquino no dio noticia de su fallecimiento hasta doce días después.

En 1923, siendo aún alumna universitaria, formó parte de la Comisión de los Cien, un consejo reunido para asesorar al Gobierno en cuestiones aborígenes, y pronunció ante el presidente Calvin Coolidge el siguiente discurso (conservado por la Alumnae Association of Mount Holyoke College y publicado el 8 de abril de 2021). En las fotografías de aquel encuentro aparece con vestiduras indias. El resto son varones ataviados a la manera occidental.

DISCURSO PRONUNCIADO ANTE EL PRESIDENTE CALVIN COOLIDGE

Señor presidente:

Este ejemplar de *The Red Man in the United States* es un obsequio al «gran padre blanco» de parte de los numerosos estudiantes indios de la nación. Es un libro que contiene lo mejor que podemos ofrecer: la historia de nuestros afanes y nuestras tragedias, de nuestras victorias y nuestros progresos. Presenta los resultados de un estudio muy pormenorizado llevado a cabo bajo los auspicios de lo que hoy conocemos como Instituto de Investigación Social y Religiosa. Ofrece por primera vez una relación exhaustiva de las condiciones sociales, económicas y religiosas que se dan hoy entre mis gentes. Es el único estudio de su clase que se ha emprendido jamás y quizá siga siendo singular a este respecto, ya que cabe la esperanza razonable de que, cuando llegue el momento de hacer otro similar, lo que se conoce como el «problema indio» haya dejado de existir.

Las mujeres de la reserva cheyene de Oklahoma han trabajado con cariño y un cuidado minucioso para hacer que este obsequio sea digno del «gran padre blanco» tejiendo en esta cubierta de cuentas de colores la historia simbólica de nuestra raza, la historia de los antiguos indios, que dan la mano en señal de amistad a los fundadores de esta gran nación, y la de los de ahora, que emergen de su estado semisalvaje para labrar su suelo y alcanzar la ciudadanía siguiendo el camino que les traza la escuela.

Señor presidente, ya que tanto se ha debatido el llamado «problema indio», ¿no se nos permitirá a nosotros, los estudiantes indios de los Estados Unidos, que debemos soportar la carga de dicho problema, expresarle lo que para nosotros significa? Sabe bien que hubo antaño dirigentes indios poderosos, hombres de amplias miras, de valor y de elevados ideales.

La historia nos habla, en primer lugar, del jefe powatán que topó con gentes extrañas en las costas de su país y las recibió como a hermanos, o de Massasoit, que les ofreció su amistad y compartió su reino con ellos. Después apareció otra clase de dirigente, el jefe de guerra, que combatía para defender su hogar y a sus gentes. Los de mi raza no olvidaremos nunca los nombres del rey Felipe, del jefe Joseph o de Tecumseh. Entre nosotros serán siempre venerados como grandes adalides que tuvieron el valor de «batallar por su honor, mártir de la tierra de sus padres». Tallo de Maíz, el gran orador; Casaca Roja, de los senecas, y Secuoya, de los cheroquis, también son notables dirigentes de nuestra raza que han significado mucho para el desarrollo de mi pueblo. La grandeza de estos próceres no se debe a ninguna casualidad: a todos los alentaba alguna clase de energía oculta, de poderosa ambición interior, de visionaria perspicacia.

Lo que hizo grandes a los dirigentes de antaño sigue vivo en los corazones de los indios jóvenes de hoy. La misma grandeza potencial yace en lo más hondo de las almas de los estudiantes indios de hogaño que deben erigirse en dirigentes de esta nueva era. La vida de antes ha muerto y es necesario encontrar una senda nueva, porque la vieja no permite avanzar más. Nos parece bien que así sea.

Pero estos dirigentes más jóvenes que deben guiar a su pueblo por caminos nuevos e inexplorados tienen quizá ante sí una tarea más ardua aún que la lucha por la libertad que emprendieron nuestros antiguos jefes.

A nosotros nos corresponde el problema de conducir esta raza vigorosa y en modo alguno moribunda de regreso a su legítima herencia de nobleza y grandeza. A nosotros nos corresponde asumir la labor de guiarla a través de estos estadios nada fáciles de transición a la independencia económica, a una expresión más adecuada de su arte y al renacer de su vigor espiritual. Nuestra visión es tan entusiasta y penetrante como cualquiera de las del pasado.

Queremos entender y aceptar la civilización del hombre blanco.

Queremos ser ciudadanos de los Estados Unidos y participar en la construcción de esta gran nación que amamos; pero también deseamos preservar lo mejor que puede encontrarse en nuestra propia civilización.

Queremos contribuir, a nuestra manera singular, a las civilizaciones del mundo, llevar nuestros propios dones peculiares al altar de esa gran unidad artística y espiritual que debe tener una nación como la estadounidense. Este, señor presidente, es el problema indio al que nos enfrentamos los indios. Nadie puede solventarlo por nosotros.

Y para dar con una solución debemos tener escuelas, debemos contar con el aliento y la ayuda de nuestros hermanos blancos. Cierto es que ya hay escuelas, pero en número tristemente inadecuado. Ya se ha emprendido la vía hacia un entendimiento inteligente y solidario de nuestras necesidades, gracias al gran esfuerzo representado en este libro. Por tales motivos, hoy, como nunca, la senda que tienen delante los indios parece despejada y resplandece de esperanza; pero todavía son muchos los kilómetros extenuantes que habrá que recorrer para completarla.

Es la gratitud por las oportunidades culturales y educativas que nos ha concedido el interés del hombre blanco, así como el amor que profesamos a esta nación a la que deseamos aportar lo mejor de nosotros, lo que nos lleva a obsequiar a nuestro «gran padre blanco» con este libro en nombre de los estudiantes indios de los Estados Unidos.

RUTH MUSKRAT BRONSON
(1923)

Lo primero que pensé al leer el texto fue algo que escuché no hace mucho: «El cambio climático que hemos provocado, no acabará con el planeta, acabará con nosotros. La Tierra seguirá girando». Así decidí que las imágenes reflejarían el paso del ser humano por el mundo, de la explotación de recursos a su desaparición.

Esa es la narración que hila las ilustraciones, aunque una a una también conectan directamente con los discursos. En todas ellas se refleja el conflicto entre dos visiones opuestas: el respeto a la Naturaleza frente a la lucha atroz por el poder.

Algo curioso en este trabajo es que he utilizado solo tres colores: el negro, el blanco y el rojo. El negro venía dado, el blanco es el color del papel y el rojo lo elegí por su simbología. Es el tono de la tierra, el fuego, la sangre, el poder, los pieles rojas, el pelo de los colonos... Además, he jugado con las gamas que se generan en las transparencias de las témperas.

Ojalá que leer los textos y las ilustraciones nos ayude a comprender otras maneras de seguir girando con la Tierra.

MAITE MUTUBERRIA